DES
RAPPORTS FINANCIERS

EXISTANT EN FRANCE

ENTRE

LES CHEMINS DE FER ET L'ÉTAT

THÈSE POUR LE DOCTORAT

Présentée et soutenue
Le mardi 22 mai 1900 à 8 heures 1/2

Par André Le BARBIER de BLIGNIÈRES

Président : M. BEAUREGARD, *professeur.*
Suffragants { MM. BERTHÉLEMY, *professeur.*
SAUZET, *professeur.*

Le Candidat répondra, en outre, aux questions qui lui seront posées
sur les autres parties de l'enseignement

PARIS

IMPRIMERIE ET LIBRAIRIE GÉNÉRALE DE JURISPRUDENCE

MARCHAL & BILLARD

Imprimeurs-éditeurs, libraires de la Cour de Cassation
MAISON PRINCIPALE : PLACE DAUPHINE, 27
SUCCURSALE : RUE SOUFFLOT, 7

1900

Nantes — Imprimerie du Commerce

THÈSE

POUR

LE DOCTORAT

DES
RAPPORTS FINANCIERS
EXISTANT EN FRANCE
ENTRE
LES CHEMINS DE FER ET L'ÉTAT

THÈSE POUR LE DOCTORAT

Présentée et soutenue
Le mardi 22 mai 1900 à 8 heures 1/2

Par André Le BARBIER de BLIGNIÈRES

Président : M. BEAUREGARD, *professeur.*
Suffragants { MM. BERTHÉLEMY, *professeur.*
SAUZET, *professeur.*

Le Candidat répondra, en outre, aux questions qui lui seront posées
sur les autres parties de l'enseignement

PARIS

IMPRIMERIE ET LIBRAIRIE GÉNÉRALE DE JURISPRUDENCE
MARCHAL & BILLARD
Imprimeurs-éditeurs, libraires de la Cour de Cassation
MAISON PRINCIPALE : PLACE DAUPHINE, 27
SUCCURSALE : RUE SOUFFLOT, 7

1900

INTRODUCTION

Si l'on jette les yeux sur une carte des chemins de fer français, ce qui frappe tout d'abord
c'est la vigoureuse ossature de notre réseau.
Toutes les comparaisons hydrographiques, bio-
logiques ou autres,qu'on a faites à ce sujet,sem-
blent alors parfaitement justifiées. Les artères
qui relient à la capitale les villes principales du
pays,sont elles-mêmes reliées entre elles par un
tissu, à mailles très serrées, de lignes de moindre importance. Tout enfin est conçu de telle
sorte que la vie et le mouvement, d'où qu'ils
viennent, peuvent pénétrer partout.

Comme bien l'on pense, ce résultat ne fut pas
atteint du premier coup et nos quarante mille
kilomètres de voies ferrées sont le fruit de longues années de travaux et de lourds sacrifices
financiers. Pourtant notre réseau qui peut sou-
tenir toutes les comparaisons avec les réseaux
étrangers a, relativement à ceux-ci, des origines
modestes et peu anciennes. Cette hésitation,

montrée par la France, à s'engager dans cette
nouvelle voie se rencontre d'ailleurs dans l'histoire de presque toutes les inventions, alors
même que les inventeurs sont des français. Les
inconvénients momentanés de ces inventions
nous frappent plus que les avantages que nous en
pourrons tirer ultérieurement. Alors que l'étranger possédait déjà un assez grand nombre de
voies ferrées, il ne manquait pas de gens en
France pour s'opposer à cette innovation au nom
des diligences et des postillons ; Santa-Anna,
président du Mexique, répondait de même à
ceux qui lui proposaient d'établir un chemin de
fer : « Que voulez-vous que je fasse des mule-
tiers et des mulets ? » M. Thiers, lui-même,
montrait peu d'enthousiasme pour cette industrie, bien qu'il entrevit le développement énorme qu'elle devait prendre par la suite.

Toute amélioration dans l'industrie des transports avait d'ailleurs rencontré cette même hostilité; lorsque Turgot remplaça, pour le service
entre Paris, Lyon et Lille, des voitures lentes et
incommodes par des véhicules plus légers, plus
rapides et moins coûteux, c'est par dérision
qu'on les désigna sous le nom de « Turgotines ».
Comparée à la révolution que la découverte de
la vapeur fit subir au monde moderne, cette ré-
forme est pourtant bien modeste, et cependant

l'on peut juger du sentiment de réprobation qu'elle souleva, en lisant un quatrain fort répandu à l'époque et qui, bien qu'emphatique, n'en est pas moins une donnée intéressante sur l'esprit général du temps :

> Ministre, ivre d'orgueil, tranchant du souverain
> Qui, par tes vains projets, fais tant de misérables,
> Puisse ta poste infâme aller un si grand train
> Qu'elle te mène à tous les diables.

Le temps a fait justice de toutes ces préventions ; il ne viendrait plus à l'esprit de personne de nier les avantages que toute amélioration dans la rapidité des transports a procurés à la société. Si l'on rapproche la durée actuelle du voyage de Paris à Marseille, soit douze heures, des trois cent cinquante-neuf heures nécessaires au milieu du xviie siècle pour accomplir le même trajet, l'on jugera des bienfaits que ces réformes successives dans les moyens de transports, et surtout la grande innovation du transport par voie ferrée, ont apportés à la France moderne. Calculer même approximativement ces bienfaits serait impossible, maintenant que, suivant le mot si expressif de nos voisins d'Outre-Manche, le temps est de l'argent.

L'existence de ces idées rétrogrades ne devait pas favoriser en France la création des voies ferrées ; les capitaux français, timides de leur nature, n'osaient s'aventurer dans une entreprise que l'hostilité de ceux mêmes qui devaient la faire prospérer rendait hasardeuse. Quelques échecs déjà éprouvés par les premières sociétés n'étaient pas faits pour augmenter la confiance. Ce fut là pour l'Etat, le jour où il comprit le rôle économique des chemins de fer, la raison de son intervention financière. A cette époque, aucun motif, autre que l'intérét général, ne le faisait agir. Aider cette industrie naissante, tel était son seul but. Plus tard seulement, abandonnant ce rôle ingrat de promoteur désintéressé, il songea à se ménager des avantages pour l'avenir.

Les rapports financiers qui existent actuellement entre les chemins de fer et l'Etat, n'ont pas été établis tout d'une pièce et suivant un plan préconçu. Si leur explication ne se trouvait dans les circonstances historiques, ils seraient, pour ainsi dire, incompréhensibles. Se plaçant, en effet, à l'époque actuelle, sans se préoccuper de la suite des combinaisons financières qui ont précédé les dernières, l'Etat semblerait avoir passé un contrat avec des associés auxquels il aurait sacrifié un présent lucratif et certain pour se ménager un avenir tout aussi rémunérateur peut-être, mais plus aléatoire.

L'histoire des différentes conventions financières intervenues entre l'État et les représentants de l'industrie des chemins de fer peut
seule éclairer la question.

CHAPITRE I

L'intervention financière de l'Etat en matière de chemins de fer depuis les origines jusqu'aux conventions de 1883.

1. — Les origines. — Discussions parlementaires sur le régime des voies ferrées. — Formes primitives du concours de l'Etat.

C'est le 26 février 1823 que la « Compagnie du chemin de fer » obtient du Gouvernement la première des concessions accordées en France pour l'établissement d'une voie ferrée. Ce n'est pas encore là une innovation bien remarquable car le concessionnaire ne fait que mettre en pratique un système connu et utilisé en Angleterre depuis 1650 : le roulement sur rails de wagonnets mus par la traction animale (1). Cette ligne de chemin de fer, pour lui conserver le titre prétentieux pris par ses fondateurs, a un rôle bien modeste encore. Reliant Saint-Etienne à Andrézieux c'est-à-dire un bassin houiller à

1. Ce système de transport était appliqué à Newcastle.

une voie navigable, elle facilite le transport de marchandises lourdes et encombrantes. Il ne faut pas songer à augmenter considérable- ment la vitesse de la locomotion étant donné les moteurs employés. Seule une économie de traction est réalisée, l'emploi des rails permet- tant de décupler la charge traînée par un che- val. Cette ligne, ouverte en 1828, ne transporte que des marchandises jusqu'en 1832.

Cette dernière année, pendant laquelle la pre- mière locomotive fait son apparition sur la ligne de Saint-Etienne à Lyon, marque vraiment à nos yeux l'ouverture d'une ère nouvelle. Bien des perfectionnements seront apportés à cette invention, mais elle contient dejà les organes essentiels qui, soixante ans plus tard, consti- tueront encore la machine locomotive-type. On avait trouvé, comme le disait M. Arago avec un lyrisme qui a fui désormais nos discussions par- lementaires, « la machine à vapeur, partie ca- « pitale des locomotives et la force aérienne ir- « résistible qu'elle élabore » (1).

Maintenant que la locomotive a franchi en un temps déterminé une distance énorme pour l'é- poque, atteignant jusqu'à 40 kilomètres à l'heu- re, on peut facilement entrevoir l'importance

1. *Moniteur Universel* du 26 avril 1838.

des conséquences qui en résulteront pour le monde entier. Beaucoup des esprits les plus distingués de cette époque, crurent lire dans l'avenir une destinée brillante pour cette nouvelle industrie, mais tous se seraient accusés de démence s'ils avaient prédit des résultats qui, plus tard, furent pourtant dépassés. Nous ne croyons donc pas exagéré de fixer à neuf ans plus tard qu'on ne le fait habituellement, c'est-à-dire en 1832 au lieu de 1823, les débuts des chemins de fer en France (1).

De 1823 à 1832, l'on accorde plusieurs concessions à des compagnies différentes, mais toutes ont un but semblable à celui que poursuivait la « Compagnie du chemin de fer ». Leur peu d'importance au point de vue national, explique l'indifférence du gouvernement pour les débuts de cette industrie.

Toutes les concessions accordées pendant cette période offrent les mêmes caractères. Elles sont perpétuelles et l'Etat ne se réserve même pas le droit de les racheter si le besoin vient à s'en faire sentir. La construction et l'exploita-

1. Stephenson avait cependant mis en Angleterre sa locomotive « la Fusée » sur rails en 1829 entre Liverpool et Manchester et un train de voyageurs avait circulé entre ces deux villes lors de l'inauguration de la ligne, le 15 septembre 1830.

tion de ces lignes doivent se faire sans aucun secours pécuniaire des pouvoirs publics,que ce soit sous forme de subvention, de prêt ou de garantie d'intérêts.

Il nous faut arriver jusqu'en 1835 pour trouver dans un document officiel l'idée d'accorder à ces entreprises naissantes une aide matérielle. Le 2 avril de cette année, le ministre de l'Intérieur présente, au nom du gouvernement, un projet de loi relatif au chemin de fer de Paris au Havre et à Rouen. L'exposé des motifs en est intéressant car il contient nombre d'idées neuves. L'on y voit l'Etat ne se bornant plus à accorder des frais d'études pour obvier aux inconvénients de tracés défectueux ou d'ouvrages d'art mal faits, mais intervenant d'une manière plus active dans la partie financière de l'entreprise. Le ministre estime que les lignes d'un parcours restreint comme celles de Paris à Saint-Germain et de Paris à Versailles peuvent parfaitement se passer du concours de l'Etat, et qu'il ne propose aucun crédit pour ces deux lignes dont on lui demande la concession. Mais, dit-il, les chemins de fer dont le tracé doit atteindre 50 et 100 lieues, rencontrant peut-être sur leur route des difficultés considérables, doivent recevoir l'aide de l'Etat eu égard à la quantité de capitaux engagés et à l'importance

économique de ces lignes. Il le croit d'autant
plus nécessaire que l'Amérique qui nous a
devancés dans cette voie, s'est vue obligée de
donner des subventions très élevées, la moitié et
même parfois les trois quarts de la dépense totale,
aux compagnies concessionnaires ; et cela, malgré le bas prix des terrains et l'appât de gros
bénéfices que l'absence d'autres voies de commu-
nication assurait aux promoteurs de l'entreprise.

Le système de concours financier qu'il propose est le suivant : subvention par le moyen
d'un achat d'actions pour une quote part déterminée dans l'espèce à 1/4 de l'estimation et ne
devant pas dépasser 12.000.000 fr. Les actionnaires prélèveront sur les bénéfices de la compagnie un intérêt à fixer entre 4 0/0 et 5 0/0
avant que l'Etat ne soit admis au partage. Cette
dernière mesure s'expliquait, selon lui, par la
différence des buts poursuivis, l'un lucratif,
cherché par le capitaliste, l'autre désintéressé,
poursuivi par l'Etat dans l'intérêt général.

C'est là l'intervention de la puissance publique dans l'établissement des chemins de fer par
un achat d'actions et de plus, conséquence grave, son immixtion dans les conseils des compagnies au moyen de deux commissaires désignés
l'un, par le ministre des finances, l'autre, par le
ministre de l'intérieur et votant suivant les ins-

tructions de ceux-ci dans « l'intérêt du trésor
« et de la viabilité générale du royaume ».

Ce projet de loi, qui ne fit l'objet d'aucun rapport de la part de la commission chargée de son
examen, nous a retenu quelque peu, car il y est
émis des idées tout-à-fait nouvelles pour l'époque et dont quelques-unes contiennent les ger-
mes des dispositions qui régissent actuellement
les rapports financiers des compagnies de chemins de fer et de l'État.

Un autre document intéressant est la loi du 9
juillet 1835, qui contient, outre certaines clauses techniques reproduites plus tard dans des
actes du même genre, les dispositions financières suivantes : concession limitée à 99 ans ; retour fait à l'État, à l'expiration de cette période,
du chemin sauf les objets mobiliers. Ce n'est
plus là le germe, mais bien le texte même de
certaines clauses des conventions actuelles.

Aucune de ces lois ou projets de loi ne fait
allusion au rachat par l'Etat. Pour la première
fois cette clause, dont on devait tant parler,
apparaît dans un amendement qu'un député,
M. de Salverte, propose à la Chambre en mai
1837, au cours d'une discussion sur un projet
de concession avec le concours financier de
l'état. Cet amendement était ainsi conçu : « A
« toute époque après les 30 premières années

« de la concession, le gouvernement aura la
« faculté de racheter la concession entière des
« chemins de fer... » Le principe de cet amendement fut peu combattu, mais la Chambre, eu
égard à la gravité de la question, décida de ne
pas la trancher à propos d'une ligne secondaire
et l'amendement fut retiré. Il avait été soutenu
par M. Dufaure qui, voyant dans les chemins
de fer les futurs artisans de notre unité nationale, craignait l'agiotage et le monopole en
abandonnant les principaux chemins de fer à
des compagnies. Il désirait même que « l'Etat
« choisît une ligne pour que le corps savant
« qui est à sa disposition pût donner aux entre-
« prises particulières une sorte de modèle de
« tous les perfectionnements qui manquent aux
« chemins de fer. » Ce sont là les termes mêmes
dont il se sert dans son rapport du 8 juin 1837.
Nous verrons plus tard si les vues ambitieuses
que M. Dufaure avait pour ce futur réseau d'état
se sont réalisées aussi complètement qu'il l'eût
désiré.

En 1837 commence à la Chambre une discussion fort intéressante sur la question de
savoir s'il faut réserver à l'Etat la construction
et l'exploitation des chemins de fer, ou, s'il faut
les abandonner à l'industrie privée. La discussion était motivée par le dépôt de projets de loi

concernant la concession des lignes de Paris à la Belgique, de Paris à Tours, de Paris à Rouen et au Havre et de Lyon à Marseille. Les uns voulaient que l'Etat conservât le droit d'établir et de modifier les tarifs et l'exploitation de lignes aussi importantes, les autres, craignant les charges que ce système entraînerait pour les finances publiques, voulaient encourager la constitution de compagnies de chemins de fer. La discussion se continue en 1838, le Gouvernement proposant de mettre à la charge de l'Etat l'exécution des grandes lignes et de laisser à l'industrie privée celles des lignes secondaires ou des lignes d'embranchement. Après un rapport défavorable au projet, rédigé par M. Arago, au nom de la commission chargée de son examen, deux orateurs de grand talent se succèdent à la tribune, l'un, M. Berryer, pour appuyer les conclusions du rapporteur, l'autre, M. de Lamartine pour les attaquer.

Il semble en lisant, soixante ans plus tard, ce rapport de M. Arago, que les faits se fassent un malin plaisir de démentir les conclusions auxquelles arrivent les gens même les plus habitués au maniement du raisonnement scientifique et discutant les questions avec une parfaite impartialité. L'on y trouve, en effet, que l'établissement des chemins de fer, loin de procurer

un bénéfice au pays enleverait annuellement
près de 2.000.000 de capitaux étrangers « aux
« commissionnaires, aux rouliers, aux auber-
« gistes, aux marchands de chevaux, aux char-
« rons ». Que l'on n'aille pas croire que ce chiffre
soit avancé au hasard ; loin de là, le rapporteur
explique très clairement la méthode qu'il a
employée. « En 1836, dit-il, le poids total des
« marchandises expédiées en transit à travers
« la France a été de 34.025.365 kilogrammes.
« Le parcours moyen de ces marchandises s'est
« élevé à 103 lieues. Par le roulage ordinaire,
« le transport par lieue et par tonne de 1.000
« kilog. est de 0 fr. 80. Le montant total des
« frais de transit dans tout notre territoire a
« donc été en nombre rond de 2.803.000 francs.
« Si tous les chemins de fer étaient exécutés, si
« tout le transit s'effectuait par rails et locomoti-
« ves, les 2.803.000 francs dont nous venons
« de parler se réduiraient, d'après le tarif de
« 0 fr. 30 c. par tonne et par lieue, à 1.051.000
« francs » (1).

Rien de plus juste que ce raisonnement, et
l'on peut s'étonner après cela de voir M. Arago
se déclarer partisan des chemins de fer, car
somme toute ce serait la ruine à brève échéan-

1. *Moniteur universel* du 26 avril 1838.

ce. Mais pour expliquer la conclusion de son rapport, toute favorable à la nouvelle entreprise, il ajoute : « Nous sentons très bien ce « que l'humanité, ce que la civilisation peu-« vent attendre de moyens de transport com-« modes, économiques, rapides, qui rapproche-« ront, qui uniront les peuples.... Nous savons « très bien aussi que là où vont les hommes, « vont les affaires et que, dès lors, le commerce « a tout intérêt à voir affluer sur notre territoi-« re le plus grand nombre de voyageurs. » L'on peut supposer qu'en plus de ces considérations générales sur les bienfaits des chemins de fer, il lui était venu à l'esprit des doutes sur la valeur absolue des raisonnements. Il avait pu constater que les chemins de fer n'avaient pas tous les inconvénients qu'il croyait et que notamment le passage des tunnels ne causait pas autant de maladies qu'il l'avait prédit dans un discours prononcé le 14 juin 1836 à l'occasion du vote de la loi sur le chemin de fer de Paris à Versailles (1). L'on doit d'ailleurs reconnaître

1. « Quelqu'un conteste-t-il que dans l'intérieur de la « la terre, à la profondeur du souterrain, la température « ne doive être à peu près constante et de 10° 1/2 centi-« grades. Veut-on nier qu'à l'ombre et au nord la tempé-« rature sera quelquefois de 30°; que dans la tranchée qui « précédera le tunnel elle s'élèvera de 10 à 15° de plus :

que, pour ne s'être pas trouvé juste, ce dernier raisonnement, basé sur des observations scientifiques exactes, n'en était pas moins conduit avec la logique que l'on pouvait attendre d'un maître de la science.

Il eut peut-être mieux valu s'arrêter moins longuement à ces remarques que d'aucuns considéreront comme futiles, mais, si nous l'avons fait, c'est qu'il ne nous a pas semblé inutile de montrer dans quelles erreurs l'on peut tomber le plus logiquement du monde. Cependant à l'époque où ces opinions ont été émises, les questions de chemins de fer étaient relativement simples ; il n'y avait pas alors autant de faits accomplis qui doivent nécessairement être pris en considération dans les solutions à intervenir et la question était encore entière. Quelle prudence ne doit-on pas avoir aujourd'hui que l'on se trouve en présence d'un aussi grand nombre d'intérêts engagés et de partis pris !

MM. Berryer et de Lamartine apportèrent successivement à la tribune les arguments pour

« ceci une fois admis, j'en appelle à tous les médecins pour
« décider si un abaissement subit de température n'amè-
« nera pas des conséquences fatales. J'affirme, sans hé-
« siter, que, dans ce passage subit, les personnes sujettes à
« la transpiration seront incommodées, qu'elles gagneront
« des fluxions de poitrine, des pleurésies, des catarrhes ».

et contre la création et l'exploitation des chemins de fer par l'industrie privée. En se reportant aux discours prononcés par ces deux orateurs, l'on constate que les raisons qui les ont décidés dans un sens ou dans l'autre, sont encore, pour la plupart, celles qui militent pour le système actuel ou que l'on invoque contre lui (1). Nous aurons occasion d'y revenir dans la suite.

Comme le constatait M. Berryer, au début de son discours, le sentiment de la Chambre était d'éviter, autant que cela se concilierait avec l'intérêt général, d'engager les finances de l'État dans les constructions projetées. Le gouvernement vit donc son projet repoussé par 196 voix contre 69. Il concéda alors plusieurs lignes à diverses Compagnies.

La compagnie de Paris à Versailles, rencontre de graves difficultés financières, le montant des sommes nécessaires à ses travaux dépassant notablement ses estimations. Le gouvernement, pour la tirer d'embarras, consent à lui prêter 4 millions au taux de 4 0/0.

Les spéculations extraordinaires qui eurent lieu à la Bourse à cette époque, effrayant les actionnaires, nuisaient aux compagnies en retar-

1. *Moniteur Universel* des 9 et 10 mai 1838.

dant les versements complémentaires qu'elles devaient recevoir. La compagnie d'Orléans, entre autres, était dans une situation désespérée, et le législateur dut intervenir pour restreindre ses obligations à la construction de la section de Paris à Juvisy et de l'embranchement de Corbeil. Pour les mêmes raisons la Compagnie de Paris à la mer obtint la résiliation de son contrat. Ces mesures sont cependant insuffisantes et dès 1840 il faut en arriver à leur accorder des secours pécuniaires. Quel était le meilleur moyen de leur venir en aide ? Tout d'abord on écarta de la discussion deux systèmes: l'achat d'actions, comme amenant une ingérence trop directe de l'Etat dans l'administration des compagnies, et la subvention, comme trop dispendieuse. Restaient le prêt et la garantie d'intérêts. C'est celle-ci que l'on accorde à la compagnie d'Orléans qui fut ainsi la première à profiter de ce genre de subside devenu depuis la règle générale pour les compagnies fondées ou à créer et si souvent critiqué. La loi du 15 juillet 1840 qui accordait une garantie d'intérêt à cette compagnie, autorisait le gouvernement à prêter 12.600.000 francs à la compagnie de Strasbourg à Bâle et 4 millions à celle d'Andrézieux à Roanne. Le contrat passé avec la compagnie d'Orléans contenait les clauses suivantes :

Pendant 46 ans et 324 jours à dater du jour où le chemin de fer serait livré à la circulation dans toute son étendue, l'Etat garantissait au taux de 4 0/0 le capital de la compagnie, à charge par elle, d'employer annuellement 1 0/0 à l'amortissement de ce capital.

Le capital garanti se composait du prix des travaux et de tous les frais de premier établissement, sans pouvoir en aucun cas excéder 40 millions, montant du fonds social. Soit une annuité de 1.600 000 francs.

En cas d'emprunt ultérieur, rendu nécessaire par l'insuffisance du fonds social, et contracté à un taux agréé par le gouvernement, les intérêts de cet emprunt et son amortissement annuel seraient prélevés sur le produit brut du chemin. Si le bénéfice net de l'entreprise dépassait 4 0/0, cet excédent devait être exclusivement réservé au remboursement des sommes avancées. La durée de la concession passait de 70 à 99 ans et le cahier des charges modifié accordait plusieurs relèvements de taxes.

2. — *Loi du 11 juin 1842.* — *Les chemins de fer et la crise de 1848.*

Le Parlement, voyant les difficultés rencontrées par les compagnies, était ébranlé dans la confiance qu'il avait d'abord eue dans ce mode de création des voies ferrées. Aussi autorise-t-il le gouvernement à créer les lignes de Montpellier à Nîmes, de Lille et de Valenciennes à la frontière belge.

Toutes les discussions passées et les quelques expériences faites, avaient éclairé le public et le pouvoir sur les avantages incontestables des chemins de fer, et sur la nécessité de procéder à leur construction suivant un plan d'ensemble tracé d'avance pour le plus grand bien de tous les intérêts du pays. L'on reconnaissait également qu'une solution mixte s'imposait, faisant de l'état et de l'industrie privée, deux forces unies pour un même but et non deux concurrents. Ce fut l'œuvre de la loi du 11 juin 1842.

Dans son premier article, et c'est là le grand mérite du législateur, elle trace un plan d'ensemble des lignes à construire. Ce sont encore ces lignes qui à l'heure actuelle constituent les grandes artères de notre réseau.

1º De Paris :

Sur la frontière de Belgique par Lille et Valenciennes ;

Sur l'Angleterre par un ou plusieurs points du littoral de la Manche à déterminer ultérieurement ;

Sur la frontière d'Allemagne par Nancy et Strasbourg.

Sur la Méditerranée par Lyon, Marseille et Cette.

Sur la frontière d'Espagne par Tours, Poitiers, Angoulême, Bordeaux et Bayonne.

Sur l'Océan par Tours et Nantes.

Sur le Centre de la France par Bourges.

2° De la Méditerranée sur le Rhin par Lyon, Dijon, Mulhouse ; de l'Océan sur la Méditerranée par Bordeaux, Toulouse et Marseille.

Au point de vue financier, elle édictait dans son article 3 une sage mesure qui depuis a été abandonnée, mais à tort peut-être (1).

Cet article appelait les localités traversées par la ligne à concourir pour une part à la dépense occasionnée par les expropriations ; cette part devait s'élever aux deux tiers de la dépense totale.

Les avantages de cette disposition ont été admirablement expliqués dans l'exposé des motifs du projet de loi du 7 février 1842 (2). L'État prenait en plus du tiers restant tous les travaux d'infrastructure à sa charge. La compagnie exploitante avait à pourvoir à tous les travaux de superstructure et à l'achat du matériel nécessaire à l'exploitation. Comme on le voit toute

1. Abrogé par la loi du 19 juillet 1845.
2. *Moniteur Universel* du 8 février 1842.

la partie des dépenses la plus aléatoire et qui varie avec le profil des terrains traversés retombait à la charge de l'État. Seules les dépenses susceptibles d'une évaluation exacte incombaient à la compagnie.

C'était là d'ailleurs l'intention formellement exprimée par le législateur. « A l'État l'exécu-
« tion des travaux qui entraînent les plus gran-
« des dépenses, qui présentent les chances les
« plus incertaines ; à l'industrie privée les frais
« qu'il est possible de calculer avec précision
« et l'exploitation des chemins sous des condi-
« tions favorables à l'intérêt public, et qu'il
« deviendra d'ailleurs possible de modifier à des
« époques déterminées, mais qui ne seront plus
« séparées par des intervalles séculaires » (1).

A l'expiration du bail passé avec la compagnie, toute la valeur du matériel devait lui être remboursée à dire d'experts par celle qui lui succéderait, ou par l'État.

Comme le permet cette rapide étude de la loi de 1842, on constate que le but cherché par le législateur est atteint : constituer une sorte d'association entre l'État, les localités intéressées et l'industrie privée.

L'on pouvait ainsi accorder aux compagnies

1. *Moniteur Universel* du 8 février 1842.

des concessions d'une durée assez courte pour
ne pas trop engager l'avenir et pourtant suffisantes pour permettre aux exploitants de retirer
de l'entreprise les revenus nécessaires à la rémunération des capitaux engagés.

Mais dès 1845 la loi du 19 juillet abroge l'article qui obligeait les localités traversées à concourir aux dépenses d'établissement. Cette mesure fut prise à la suite des nombreuses réclamations soulevées par la mise en vigueur de
cet article. Ce n'est pas tout, et l'on eut pu encore attendre d'heureux effets de cette loi, si
les entreprises de chemins de fer n'avaient pas
donné lieu à ces spéculations effrénées qui eurent lieu de 1842 à 1848. A cette époque le public prévoyant le grand avenir réservé à cette
industrie, se prit pour elle d'un engouement
extraordinaire ; les demandes de concessions
affluaient amenant entre les candidats concessionnaires une concurrence désastreuse. Certains d'entre eux acceptaient des concessions
de 27 et même de 24 ans, durée évidemment trop courte pour qu'une entreprise de
ce genre puisse se suffire à elle-même et rembourser ses emprunts sur ses bénéfices ; d'autres remboursaient à l'État des dépenses d'infrastructure que, conformément à la nouvelle
loi, il exécutait ; d'autres prétendaient s'en char-

ger. L' agiotage devint tel que l'on dut, en 1845 prendre des mesures législatives pour interdire l'abus des promesses d'actions et des actions d'apport (1).Mais cela n'empêcha pas l'opinion de conserver pour les titres de chemins de fer une prédilection justifiée, ce qui amena une hausse extraordinaire de ces valeurs. Montées trop haut, elles tombèrent trop bas,comme il arrive à toutes les valeurs qui ne doivent procurer que plus tard un revenu pour ainsi dire fixe et servant dès lors de régulateur à leur cours. Elles subirent une baisse ainsi injustifiée dans son excès que la hausse précédente avait été exagérée.

Les compagnies se trouvèrent alors dans une position extrêmement critique, ne trouvant plus les capitaux dont elles avaient besoin pour continuer les travaux en cours d'exécution. Incapables de tenir leurs engagements, on aurait pu user envers elles de toute la rigueur du droit et prononcer la déchéance. Mais pour ne pas déprécier outre mesure leurs titres, on ne crut pas devoir prendre cette grave décision. Pour les tirer de ce mauvais pas le gouvernement dut leur accorder certaines facilités dans l'exécution de leurs contrats. Une loi du 6 juin 1847 permet de rembourser aux concessionnaires leurs cau-

1. Loi du 15 juillet 1845, art. 11.

tionnements au fur et à mesure de l'avancement des travaux.

Quelques autres mesures telles que la prolongation des délais d'exécution de certaines lignes furent prises également et cette préoccupation du gouvernement de sauver ces entreprises de la déconfiture releva un peu le crédit des compagnies.

Mais alors survint la crise financière de 1847, suivie de là crise politique de 1848.

Les recettes des chemins de fer baissent de 29 p. 100, et la confiance disparaît encore. Le projet de rachat soumis à la Chambre en mai 1848 ne devait pas faciliter son retour. Ce projet toutefois n'aboutit que partiellement et le chemin de fer de Paris à Lyon fut seul racheté avec remboursement aux actionnaires des capitaux versés. L'on mit en même temps quelques lignes sous séquestre ; deux compagnies obtinrent la prolongation de leurs concessions ; une autre se vit allouer une garantie d'intérêt et les compagnies disposées à continuer leurs travaux, reçurent des subventions ou des prêts de l'Etat.

L'exposé des motifs de ce projet de loi et la réponse faite à la tribune, par M. de Montalembert, sont deux documents intéressants et nous aurons occasion d'y revenir en discutant la théorie générale du rachat. Le 3 juillet, à une interpellation de M. Duclerc, le général Cavaignac, chef du pouvoir exécutif, répondit que le gouvernement retirait le projet.

Au 31 décembre 1851 il n'y avait encore que 3.500 kilomètres de chemins de fer exploités. Mais ce chiffre ne devait pas tarder à s'accroître dès les premières années de l'empire, vu l'intérêt que le gouvernement impérial portait aux chemins de fer, les considérant, à juste titre, comme un puissant auxiliaire du commerce et de l'industrie.

3. — *Premières années de l'empire. — Formation des six grands réseaux. — Les conventions de* 1859.

Nous ne ferons qu'un résumé très bref de tous les faits intéressant l'industrie des chemins de fer qui trouvèrent place dans les six premières années de l'empire. Trois faits principaux se dégagent de l'examen de cette période si fertile en progrès : prorogation des concessions, fusion des concessions, extension du réseau.

Pour obtenir un développement considérable des travaux de chemins de fer, le gouvernement impérial dut commencer par consolider la situation financière des compagnies. En 1851 il y avait en France plus de trente compagnies de chemins de fer et neuf d'entre elles seulement avaient obtenu des concessions de 99 ans. En prolongeant celles des autres compagnies pour une durée égale, le gouvernement releva rapidement leur crédit. Les charges d'amortissement des capitaux devenaient ainsi moins lourdes, et une fois les lignes en complète activité, les compagnies avaient l'espoir d'en jouir encore pendant un assez long espace de temps.

Certains auteurs critiquent cette durée nouvelle des concessions comme engageant l'avenir plus peut-être qu'il n'était nécessaire (1). Ils se basent sur ce fait qu'au delà d'un certain délai, l'allègement que procure une concession plus longue devient négligeable. Ainsi, au taux d'intérêt de 5 p. 100, les charges d'amortissement sont de 0.48 p. 100 pour une durée de 50 ans, tombent à 0.13 p. 100 pour 75 ans, mais ne se réduisent que de 0,09 p. 100 si l'on porte la durée de la concesion à 100 ans. Les charges d'amortissement diminuent donc en moyenne de 0,14 p. 100 pour chaque année en sus des 50 premières années et au-delà de 75 ans ne s'allègent que de 0,036 p. 100 par année. Selon ces auteurs une réduction aussi minime et l'attrait de bénéfices à réaliser à une époque aussi éloignée, n'exerceraient pas sur les

1. Colson. *Transports et tarifs*.

conditions consenties par les concessionnaires
une influence suffisante pour entrer en balance avec les avantages que l'État aurait trouvés
à rentrer en possession des chemins de fer
25 ans plus tôt. Il est difficile de répondre à
l'heure actuelle à cette critique. Avec une durée
de concession de 75 ans, les concessionnaires
de l'époque auraient-ils accepté les autres
clauses onéreuses du contrat ! Si oui, la concession de 99 ans est trop longue. Mais l'évaluation exacte des charges imposées était extrêmement difficile. L'on peut s'en rendre compte
en comparant avec les résultats actuels de l'exploitation des chemins de fer, les diagnostics
formulés depuis les dernières conventions par
les auteurs les plus autorisés et les mieux do-
cumentés. Tous, ou presque tous, se sont trouvés faussés par des évènements imprévus tels
que crises politiques, financières ou autres, augmentation du réseau, etc.

Devant faire une part à l'éventualité, il fallait
évidemment que ce fût au profit des concessionnaires, et pour qu'elle ne leur causât pas de
préjudice, peut-être a-t-on été amené à la faire
trop grande : L'avenir seul pourra répondre à
ces questions.

Le deuxième fait caractéristique de cette période qui a précédé les conventions de 1859,

c'est la fusion des nombreuses concessions accordées à des compagnies diverses en plusieurs groupes beaucoup plus étendus qui constituent nos six grands réseaux actuels. Il restait bien en dehors de cete combinaison quelques centaines de kilomètres de lignes, mais leur importance était relativement minime et nous verrons dans la suite les combinaisons employées pour assurer leur achèvement et leur exploitation.

Se fusionnant, les compagnies dont les lignes desservaient une même région, trouvèrent plusieurs avantages qui sont exposés avec une grande clarté dans le rapport présenté au corps législatif par M. de Morny, sur le projet de loi autorisant ces fusions (1). Elles supprimaient ainsi entre elles une concurrence qui ne pouvait avoir que des effets désastreux, et elles diminuaient leurs frais généraux. En effet une entreprise considérable a des frais généraux moins élevés, toutes proportions gardées, qu'une entreprise du même genre, mais de moindre importance. Ces divers avantages joints à l'unification de l'exploitation permettaient aux nouvelles compagnies de chercher et d'appliquer des abaissements de tarifs qui devaient profiter à tous.

1. *Moniteur Universel* du 27 juin 1852.

Nous ne donnerons qu'un aperçu résumé de cette formation des six grands réseaux.

La Compagnie du Nord, formée dès 1847 absorbe en 1852 la Compagnie d'Amiens à Boulogne.

La Compagnie d'Orléans réunit les compagnies de Paris à Orléans, d'Orléans à Bordeaux et de Tour à Nantes.

La Compagnie de Paris à Lyon et à la Méditerranée, formée par la réunion des compagnies de Paris à Lyon et de Lyon à la Méditerranée qui s'étaient constituées elles-mêmes par des fusions partielles, absorbe, en 1857, les lignes de Lyon à Genève et du Bourdonnais, et en 1858 celle du Dauphiné.

La Compagnie de l'Est joint à la ligne de Paris à Strasbourg celles de Montereau à Troyes, de Blesmes à Gray et, en 1859, celle des Ardennes.

La Compagnie de l'Ouest réunit les compagnies de Paris à Saint-Germain, de Paris à Rouen, de Rouen au Havre, à Dieppe et à Fécamp, de l'Ouest ancien et de Paris à Caen et à Cherboug.

La Compagnie du Midi, créée en 1852, joint à la ligne de Bordeaux à Cette, les lignes de Bordeaux à Bayonne et de Narbonne à Perpignan.

Entre temps on avait vu quelques compagnies nouvelles essayer de se créer un réseau entre les grandes lignes déjà construites, mais elles

avaient échoué. La plus connue d'entre elles,
est la compagnie du grand Central dont les lignes
allèrent grossirent les réseaux voisins.

Le troisième fait que nous avons noté comme
caractéristique, c'est l'extension rapide du réseau ; il n'est que la résultante des deux premiers. La prolongation des concessions avait
amélioré la situation financière des compagnies,
en relevant leur crédit. L'avenir qui leur était
ainsi garanti, leur permettait de faire toutes sortes d'opérations financières qui, sans cela, eussent été, non pas peut-être tout à fait impossibles, mais très risquées. De plus les fusions
qui s'étaient opérées entre toutes les compagnies d'une même région, les rendant pro-
priétaires de l'artère principale, leur rendaient
profitable la création de lignes secondaires
qui peut-être ne couvriraient pas leurs frais
d'établissement et d'exploitation, mais qui,
considérées comme des affluents de la grande
ligne, étaient loin d'être négligeables. Construites suivant des tracés judicieux, allant par
exemple chercher le trafic d'un centre industriel
ou autre pour l'amener à la ligne principale,
ces petits embranchements pouvaient lui procurer de gros bénéfices, sans être toutefois
des lignes très productives par elles-mêmes.
Mais pour qu'elles fussent créées, il fallait évi-

demment que grandes lignes et lignes d'embranchement fussent dans les mêmes mains.

Le meilleur éloge que l'on puisse faire des mesures prises à cette époque, c'est l'énoncé des résultats acquis :

Au 31 décembre 1851 il y avait 5.000 kilomètres concédés et 3.500 en exploitation.

Au 1er février 1859, 16.352 kilomètres de chemins de fer étaient concédés et 8.701 étaient exploités. Sur les 16 352 kilomètres concédés, 234 seulement l'étaient à des compagnies diverses, autres que les six grandes compagnies actuelles (1). Ainsi dans un espace de huit années 5.201 kilomètres avaient été livrés à la circulation. Ces résultats sont évidemment très remarquables, mais des événements imprévus devaient venir encore une fois déjouer ces habiles combinaisons.

Nous reportant en effet, deux années avant le 1er février 1859 nous voyons en 1857 une crise financière et commerciale extrêmement grave sévir sur toutes les places de commerce de la France. Cette crise ne tarda pas à réagir sur le marché des chemins de fer et à déprécier leurs

1. Ces chiffres sont empruntés à l'exposé des motifs du projet de loi tendant à approuver les conventions. *Moniteur Universel* du 23 février 1859.

titres. Le public, effrayé des charges assumées par les compagnies pour la construction de lignes nouvelles, effrayé aussi de l'énormité des sommes déjà dépensées qui s'élevaient à 3 milliards et craignant que les dépenses du réseau nouvellement concédé ne vinssent diminuer les dividendes élevés que touchaient les actionnaires, retira ses capitaux d'une entreprise qui lui semblait hasardeuse.. Les émissions d'obligations que tentèrent les compagnies se firent à des conditions trop onéreuses pour être continuées. La situation était grave et cette crise menaçait de conduire les compagnies à la ruine.

C'est là ce que l'on peut appeler un « tournant » de l'histoire des chemins de fer français; car il est permis d'affirmer que les relations qui existent chez nous entre cette industrie et l'État, découlent de la décision prise par le gouvernement en cette circonstance. Considérant les compagnies de chemins de fer comme des sociétés ordinaires et devant courir les chances bonnes et mauvaises des heures de prospérité et des temps de crise, il fallait les laisser livrées à leurs propres ressources. Quelques-unes, les plus fortes, auraient résisté à l'orage, d'autres auraient sombré et sur leurs ruines se seraient édifiées des entreprises nouvelles. C'était là une des solutions possibles. Ce ne fut pas celle qu'adopta le gouvernement impérial. Estimant que leur crédit constituait une des branches du crédit public, et que les ruines entraînées par ces faillites seraient préjudiciables à tous et nuiraient à l'achèvement du réseau, il soumit en 1859 des projets de conventions au corps législatif.

Ajourner l'exécution des lignes improductives dont la concession avait effrayé les capitalistes, eût été impolitique ; accorder aux compagnies des subventions en travaux ou en argent eût été onéreux ; l'on se décida alors pour la garantie d'intérêt, qui, étant donné son caractère d'avance remboursable, semblait mieux se concilier avec les intérêts du Trésor.

Une première difficulté se présentait : les déficits du nouveau réseau n'allaient-ils pas absorber tout ou partie des excédents de l'ancien et diminuer ainsi notablement ou même supprimer ces dividendes dont le taux élevé justifiait la faveur dont avaient joui les actions de chemins de fer?

Pour obvier à cet inconvénient l'on fit une distinction entre l'ancien réseau et le nouveau réseau, ce dernier comprenant les lignes concédées depuis 1857 et supposées peu productives. L'ancien réseau devait conserver la situation qu'il avait acquise avant la crise, c'est-à-dire, les ressources nécessaires au service de sa dette, ressources calculées de façon à ne diminuer que très peu les dividendes qu'il fournissait aux actionnaires.

A cet effet, sur le produit net de l'ancien réseau, la compagnie était autorisée à prélever une somme suffisante pour payer les dividendes des actions et l'intérêt du capital-obligations afférent à ce réseau. C'est là le revenu réservé, au delà duquel, les recettes nettes de l'ancien réseau devaient venir en diminution des déficits du nouveau réseau pour lequel l'état garantissait pendant 50 ans un revenu minimum de 4. 65 p. 100. Cette clause des conventions a reçu le nom de déversoir, l'excédent des recettes d'un réseau étant déversé sur l'autre.

Comme ce taux de 4.65 0/0, amortissement compris, était inférieur au taux réel du crédit des compagnies qui empruntaient, les unes à 5.50, les autres à 5.75 p. 100, on leur permettait de compenser cette différence, variant de 0.85 à 1.10 p. 100, en prélevant ces sommes complémentaires sur les recettes de l'ancien réseau avant de les déverser sur le nouveau.

Ainsi donc, dans leurs comptes de fin d'exercice, les compagnies commencent par assurer le service du capital-actions et du capital-obligations de l'ancien réseau, puis après avoir prélevé sur les recettes une somme représentant 1.10 p. 100 du capital-obligations du nouveau réseau,déversent le reste à l'actif du compte de ce réseau.

Si malgré ce déversement, le passif de ce compte reste supérieur à l'actif, l'on fait appel à la garantie de l'État qui fournit la somme complémentaire nécessaire au service des intérêts. L'Etat n'est donc qu'un débiteur subsidiaire qui s'engage à couvrir les dépenses d'intérêts et d'amortissement à 4.65 pour 100 des dépenses faites pour ce réseau si l'excédent des recettes nettes de l'ancien réseau sur le revenu réservé ne suffit pas.

Les sommes ainsi avancées par l'État doivent lui être remboursées, dès que les recettes couvriront les dépenses des deux réseaux ; ces avances portent intérêt simple de 4 pour cent. Une fois l'état remboursé, les produits nets profiteront aux actionnaires jusqu'à ce qu'ils aient atteint un chiffre déterminé, au delà duquel les bénéfices seront partagés par moitié entre les compagnies et l'État.

Cette distinction entre les deux réseaux était nécessaire pour ramener la confiance du public qui craignait de voir le nouveau « dévorer » l'ancien. Mais il ne fallait pas la faire trop complète sous peine d'injustice, et la clause du déversoir obviait à deux inconvénients. Le premier se serait produit lorsque des lignes du nouveau réseau aboutissant à une ligne de l'ancien, l'auraient fait profiter de tout le trafic du pays traversé sans pour celà voir leurs recettes augmenter. D'un autre côté l'établissement d'une nouvelle ligne parallèlement à une ligne préexistante de l'ancien réseau eût permis aux compagnies de procéder à un détournement de trafic au détriment du nouveau réseau. C'était là le second des écueils à éviter. La clause des conventions qui y remédiait, prévenait une injuste augmentation des recettes des compagnies et un perpétuel appel à la garantie de l'Etat.

L'intention du gouvernement n'était pas du tout, comme on l'a dit parfois, de procurer aux actionnaires des bénéfices certains ; la preuve en est dans ce fait que le maximum fixé dans les conventions pour les dividendes, était inférieur aux dividendes touchés par eux pendant les dernières années de prospérité.

Il y avait aussi à trancher une autre question. Quelle allait être la situation des lignes pour lesquelles il avait été consenti des garanties d'intérêt, antérieurement à 1859, et qui faisaient maintenant partie de l'ancien réseau pour lequel il était stipulé qu'aucune garantie n'était accordé? L'on décida que, sous réserve des droits des tiers, les actes antérieurs étaient annulés.

La nouvelle garantie avait un caractère forfaitaire pour certaines lignes, car elle portait sur le capital de premier établissement, fixé à forfait pour ces lignes, alors que pour les autres les compagnies devaient justifier des dépenses réellement faites. Cette justification amenait nécessairement un contrôle de l'Etat sur les comptes des Compagnies. L'élément forfaitaire commun aux conventions passées avec toutes les compagnies, était le taux de l'intérêt garanti, fixé uniformément à 4.65 p. 100, quels que fussent les taux réels auxquels empruntassent ces compagnies. Nous avons vu plus haut que l'intention du gouvernement était bien de garantir ces derniers et la façon dont il y arrivait sans augmenter d'une manière apparente les engagements du Trésor.

Tout ces calculs que nous venons d'indiquer ne devaient s'appliquer que lors de l'exploitation complète des deux réseaux. Il fallait prescrire des mesures transitoires jusqu'à cette époque A cet effet, l'article 3 des conventions de 1859 décide que les produits nets des lignes de l'ancien réseau n'entreront en ligne de compte qu'à partir du 1er janvier de l'année qui suivra leu mise en exploitation. Etant donné que le revenu kilométrique réservé est plus considérable que les charges d'intérêt et d'amortissement de ce réseau, cette mesure devait inciter les compagnies à presser la mise en exploitation de ces lignes.

Les lignes du nouveau réseau, achevées avant 1865 bénéficieront de la garantie d'intérêt à partir du 1ᵉʳ janvier de cette année ; celles qui ne seraient pas terminées à cette date, se verront appliquer la même règle que l'ancien réseau, c'est-à-dire qn'elles n'y participeront qu'à dater du 1ᵉʳ janvier de l'année qui suivra leur mise en exploitation.

Une difficulté se présentait encore. L'intérêt et l'amortissement des sommes dépensées sur le nouveau réseau sont portées jusqu'à l'achèvement complet des lignes au compte de premier établissement, et l'on ne pouvait, pour le calcul du revenu réservé (1), prendre en considération que les dépenses des lignes en exploitation. Il fut donc décidé que le revenu réservé serait diminué dans des proportions et dans des limites spéciales à chaque compagnie,

1. 1. 10 ou 0.85 p. 100 du capital dépensé sur le nouveau réseau.

jusqu'à la mise en exploitation complète des lignes du nouveau réseau (1).

Il y avait aussi une grave question à résoudre : allait-on pouvoir modifier après coup le capital de premier établissement? Autrement dit, allait-on pouvoir porter à ce compte les dépenses complémentaires faites sur des lignes cinq ans après leur achèvement, c'est-à-dire, d'après les termes des conventions, à une époque où ce compte devait être fermé ?

Il y a deux sortes de travaux complémentaires : ceux effectués dans un but de sécurité et

1. Voici les chiffres tels qu'ils ont été établis en 1859 et modifiés en 1863 et 1868 :

Est. — 200 francs par 100 kilomètres non exécutés.

Midi. — 200 francs par 100 kilomètres non exécutés, limités au maximum de 2.800 francs correspondant à 1.400 kilomètres.

Nord. — 200 fr., par 100 kilomètres non exécutés, limités au maximum de 1.000 francs correspondant à 500 kilomètres.

Orléans. — 200 fr. par 100 kilomètres non exécutés, limités au maximum de 2.400 fr. correspondant à 1.200 kilomètres.

Ouest. — 200 fr. par 100 kilomètres non exécutés, limités au maximum de 2.000 fr. correspondant à 1000 kilomètres.

Paris-Lyon-Méditerranée. — 80 fr. par 100 kilomètres non exécutés, limités au maximum de 1.200 fr. correspondant à 1.500 kilomètres.

ceux qui tendent à une augmentation des produits par des améliorations de service. Les premiers seuls ont un caractère de nécessité absolue, et, imposés par le gouvernement, seront exécutés nécessairement ; les autres, au contraire, bien que constituant des perfectionnements rationnels et utiles, ne seront entrepris que s'ils doivent profiter aux compagnies, ou tout au moins ne pas aggraver leurs charges. Une compagnie agrandissant une gare, par exemple, réalise une notable économie de main-d'œuvre; elle ne fera cette dépense qu'au cas où l'économie lui profitera à elle, aussi bien qu'à l'État. Or, les charges d'intérêt et d'amortissement des sommes dépensées, ne pouvant être inscrites au compte de la garantie qui ne comprend que le capital d'établissement et doit être arrêté cinq ans après l'ouverture de la ligne, l'économie réalisée viendra en déduction de la garantie de l'État, mais des charges, très lourdes peut-être, pèseront de ce chef sur la compagnie.

Les conventions de 1859 autorisèrent donc les compagnies à prélever l'intérêt et l'amortissement de ces capitaux avant tout partage de bénéfices. Il fallait toutefois qu'elles en eussent obtenu la permission par un décret rendu en Conseil d'État.

Nous verrons que, dans les conventions ultérieures, on alla même plus loin en autorisant l'addition au capital de premier établissement de tous les travaux faits sur une ligne dans un délai de dix années, en observant certaines formes et en restant dans la limite de maxima fixés par les conventions.

Disons en terminant l'exposé des clauses conventionnelles de 1859 relatives à la garantie d'intérêt, qu'à l'expiration de la concession ou dans le cas de rachat d'une compagnie, les créances que l'État pourrait avoir sur elle du fait de la garantie, seraient compensées jusqu'à due concurrence avec la valeur de son matériel tant de l'ancien que du nouveau réseau.

4. — *Dernières années de l'empire.* — *Nouvelles conventions avec les grandes Compagnies.* — *Les compagnies secondaires et la loi de 1865.*

Les conventions de 1859 permettaient d'entrevoir le jour où les compagnies, étant parvenues à éteindre leur dette vis-à-vis de l'Etat, pourraient recouvrer la liberté de leur dividende. Cette époque du reste, dans l'esprit de tous les hommes compétents, ne devait pas être très éloignée, et l'on avait une confiance absolue dans la solvabilité prochaine de celles-ci, victimes d'une crise. Conçues dans cet esprit, les mesures prises par le législateur pour venir en aide à cette industrie sont assurément très légitimes ; mais s'il fallait admettre, comme le proclament trop souvent les adversaires du régime actuel, que le gouvernement n'eût eu que le désir d'assurer aux capitaux engagés une rémunération constante, on eût abouti à une sorte d'exploitation des voies ferrées en régie désintéressée, ce qui serait détestable.

M. de Franqueville, dans son discours prononcé le 27 juin 1865 au sujet des garanties d'intérêt, prévoit des demandes de garantie de la part de quatre compagnies seulement. Ces prévisions se sont trouvées justifiées, le Nord et le Paris-Lyon-Méditerranée n'y ayant pas fait appel (1). Il est probable que les autres diagnostics, formulés par cet homme éminent, au sujet des époques de remboursement et de partage et à la quotité des avances, eussent trouvé également leur vérification dans l'ave-

1. Le P.-L.-M. fit appel à la garantie de l'Etat pour la ligne du Rhône au Mont-Cenis, mais c'est là un accident qui ne pouvait être prévu. Cette ligne concédée à la Compagnie Victor-Emmanuel fut reprise en 1867 par le P.-L.-M. et continua jusqu'en 1897 de former, au point de vue du compte de la garantie, un réseau distinct du réseau principal de cette compagnie.

nir si les choses étaient restées en l'état ; mais il n'en pouvait être ainsi et grâce aux modifications importantes apportées dans la constitution de notre réseau de chemins de fer, les conventions de 1859 ne répondent bientôt plus aux besoins du moment (1).

Cependant différentes conventions passées en 1863, 1868, 1869, 1873, 1875, permettent de conserver les règles générales posées par celles de 1859 tout en y apportant des modifications de détail.

Nous ne ferons que résumer l'histoire de cette période pour arriver à la période actuelle et surtout, afin de pouvoir commencer plus vite l'étude des rapports financiers de l'État et des chemins de fer tels qu'ils résultent des conventions de 1883 et de la constitution d'un réseau d'Etat.

Le but cherché dans les conventions de 1859 avait été atteint. Le crédit des compagnies s'était rapidement relevé et il leur était loisible de contracter leurs emprunts à des conditions de moins

---

1. **M.** de Franqueville prévoyait une augmentation annuelle du produit net de 2 0/0 jusqu'en 1875 et de 1 1/2 0/0 jusqu'en 1885. Vers 1870 ou 1872 l'État atteignant le maximum de ses avances aurait à verser aux compagnies près de 50 millions. A partir de 1884 on ne ferait plus appel à la garantie qui aurait été au total de 600 millions. En 1885 commencerait le remboursement de ces avances.

en moins onéreuses. La construction des chemins de fer marchait à grands pas, mais l'on
s'aperçut bientôt aux demandes qui se produi-
saient de tous côtés, que les lignes déjà concédées ne satisferaient pas encore tout le monde.
Il fallait donc créer de nouvelles lignes surtout
depuis que les traités de commerce de 1860
avaient donné à l'industrie et au commerce un
essor extraordinaire. Mais il fallut, pour faire
accepter de nouvelles concessions par les compagnies, leur accorder des subventions. Elles
craignaient en effet, en acceptant de construire
des lignes peu productives en général, et tra-
versant des pays souvent difficiles, d'augmenter
outre mesure, le compte des avances dont elles
étaient débitrices envers l'État et de compromettre ainsi leur solvabilité future. Ces nouvelles
conventions de 1863, 1868 et 1869 procédèrent
aussi à un remaniement des lignes entrant dans
l'ancien et dans le nouveau réseau, faisant passer certaines lignes de l'un à l'autre. Elles modi-
fièrent aussi les maxima fixés précédemment et
limitant la garantie de l'Etat ; on en avait reconnu
la nécessité à la suite de l'adjonction de nombreuses lignes au réseau déjà concédé et à cause
des erreurs d'évaluation commises dans l'estimation des dépenses d'établissement des lignes
du nouveau réseau.

Elles permirent, comme nous l'avons dit plus haut, l'inscription au compte de la garantie des dépenses complémentaires faites sur des lignes déjà en exploitation.

Malgré ces facilités les compagnies ne voulaient pas se charger de l'exécution de certaines lignes et de 1862 à 1864 l'Etat, à qui les populations demandaient des chemins de fer, résolut d'en concéder le tracé à des compagnies nouvelles. C'est ainsi que furent constituées les compagnies des Charentes, de la Vendée, des Dombes, d'Orléans à Châlons, de Lille à Valenciennes. C'est là un fait qui eut des conséquences considérables ; car, comme le prouvera la suite de cet historique, c'est à la création de ces petites compagnies que nous devons l'existence de notre réseau d'Etat.

Peu de temps après, le 12 juillet 1865, une loi venait donner aux départements la faculté de pourvoir eux-mêmes à la création de lignes secondaires. C'est de cette époque que datent ce que l'on a appelé les chemins de fer d'intérêt local. Il se distinguent des chemins de fer d'intérêt général en ce que les concessions sont accordées par les départements au lieu de l'être par l'Etat.

Usant de cette faculté, les départements accordèrent des concessions, soit à des compagnies nouvelles et spéciales, soit aux compagnies secondaires d'intérêt général dont nous avons noté, en passant, la formation, soit enfin aux grandes compagnies.

Cette loi de 1865 s'inspirait comme le montre bien son exposé des motifs, de vues tout à fait différentes de celles qui avaient présidé aux mesures législatives prises antérieurement pour les chemins de fer d'intérêt général.

Considérant que ces lignes avaient surtout un intérêt tout local, comme l'indique leur nom, elle édictait une participation très élevée des localités dans les dépenses que nécessiterait leur construction. Cette mesure était somme toute parfaitement raisonnable , car il semblait que de la sorte les départements ne permettraient que la création des lignes vraiment utiles et que dans leur construction il serait plus facile, sur une aussi petite échelle, de réaliser toutes les économies possibles (1).

1. Les chemins de fer industriels dont le gouvernement autorisa la création à cette époque avaient un caractère plus spécial encore, ils desservaient un centre d'industrie ; mais le gouvernement se réservait le droit de leur imposer un service public si cela devenait nécessaire. Cette clause de la concession permettait de donner à ces travaux le caractère d'utilité publique. Depuis la loi du 27 juillet 1880 sur les mines, ce caractère leur appartient de droit.

Les heureux effets de cette loi ne se firent pas sentir dans la mesure espérée ; la spéculation s'en mêla et les rares concessionnaires qui adressèrent des demandes de concessions aux départements poursuivaient un but très lucratif pour eux, mais qui devait être très nuisible à l'institution. Situées entre deux réseaux ou entre les artères d'un même réseau, leurs lignes selon eux, ne devaient pas tarder à être rachetées, soit par l'Etat, soit par les ou la compagnie voisine. En conséquence ils négligeaient dans leur construction, les économies qui, comme l'emploi d'une voie étroite, eussent peut-être empêché la compagnie voisine de les racheter. Leur intention était de les construire identiques aux voies préexistantes, pour faciliter et activer leur assimilation au réseau principal.

Quelques-uns des concessionnaires, toujours dans l'espoir d'être rachetés, cherchaient à créer des lignes concurrentes, en réunissant dans leurs mains les concessions de deux ou plusieurs départements limitrophes. Les grandes compagnies seraient obligées pour supprimer cette concurrence de racheter ces lignes d'intérêt local. C'est dans ce même esprit que l'on chercha à entreprendre plus tard, vers 1872 et 1873, des lignes d'une longueur considérable comme celle de Calais à Marseille, ou celle plus connue sous le nom de Méridienne, et reliant Dunkerque à Perpignan. Le gouvernement, dont l'intervention était nécessaire pour la déclaration d'utilité publique, et pour la mise en exécution, s'opposa à quelques-unes de ces entreprises, mais, dans bien des cas, les instances des conseils généraux eurent raison de ses légitimes hésitations.

Au point de vue financier, les chemins de fer d'intérêt local, subventionnés par le département devaient, d'après la loi de 1865, recevoir peu de chose de l'État ; quelque fût le secours accordé, il devait l'être sous forme de subvention ou de prêt, mais non de garantie d'intérêt. Les subventions qui ne montaient, pour la totalité de ces chemins de fer, qu'à six millions étaient considérées d'ailleurs comme trop peu élevées, et soulevaient de la part des intéressés de vives réclamations.

La loi de 1865 n'a donc pas eu le succès qu'on en attendait et cela principalement parce qu'elle n'avait pas établi d'une manière bien déterminée, la distinction entre la ligne d'intérêt local et la ligne d'intérêt général. Il faut d'ailleurs s'empresser de le reconnaître, cette distinction est chose extrêmement délicate. Où cesse l'intérêt local, quand commence l'intérêt général ? Question embarrassante. Il n'en est pas moins vrai que si le législateur eût pu la faire, la plupart des inconvénients que nous avons constatés, au moment de la création des chemins de fer d'intérêt local, ne se seraient pas produits. En maintenant ces entreprises dans cette sphère relativement étroite dont les limites sont malheureusement difficiles à fixer, on eût évité ces folles spéculations qui ont nui à cette œuvre cependant si utile.

La question des chemins de fer d'intérêt local ne devant pas faire l'objet de la présente étude, disons tout de suite en anticipant un peu sur les évènements, qu'une loi du 11 juin 1880 a modifié profondément le régime auquel ils étaient soumis. Cette dernière loi a permis en effet d'accorder des garanties d'intérêt à des réseaux de chemins de fer d'intérêt local. Mais cette application de la garantie ne peut avoir lieu qu'à la condition que les départements et les communes intéressés, fassent pour leur constitution des sacrifices au moins égaux à ceux consentis par l'Etat. Ces garanties avaient un caractère spécial et furent transformées ultérieurement lorsque l'expérience eut permis de voir leurs inconvénients. Nous aurons d'ailleurs occasion de traiter cette question lorsque nous parlerons des réseaux secondaires d'intérêt général.

**5. — *La guerre franco-allemande et les che-
mins de fer. — Œuvre de l'Assemblée Nationale.***

Nous arrivons maintenant à une période très
prospère de l'histoire de nos chemins de fer,
nous voulons parler des quelques années qui
nous séparent encore des grandes conventions
de 1883.

Mais avant d'analyser l'œuvre de l'Assemblée
Nationale, il nous faut dire quelques mots de la
guerre franco-allemande et en exposer les résultats au point de vue spécial qui nous occupe.

Grâce à la vigoureuse constitution dont les
avaient doués les conventions de 1859, nos
chemins de fer traversèrent victorieusement une
crise qui n'eût pas manqué de les ruiner, si, au
lieu des puissantes compagnies qu'elle trouva
établies sur des bases financières très solides,
elle se fût attaquée aux nombreuses mais débi-
les sociétés qui, quinze ans auparavant, déte-
naient notre réseau de voies ferrées. La comparaison des dividendes distribués aux actionnaires
avant, pendant et après la crise, permettra, sans
entrer dans les détails, de se rendre compte
d'une manière approximative du trouble apporté

par la guerre de 1870 dans l'exploitation de nos chemins de fer.

Dividendes distribués aux actionnaires des Compagnies de 1869 à 1872.

Années	Est	Orléans	Ouest	Midi	Nord	P.-L.-M.
1869	33	56	35	40	61	60
1870	33	56	35	40	67	60
1871	25	50	20	35	42	40
1872	33	56	35	40	58	52

Comme on le voit, pour l'ensemble de nos réseaux, la perturbation occasionnée par ces évènements terribles est moins grande qu'on eût pu le supposer. Il est vrai que la France possédait à cette époque une vitalité, une force de résistance extraordinaire dont l'expérience seule pouvait faire connaître la puissance. Malgré ses revers, elle se releva avec une rapidité stupéfiante et fit face à tous ses engagements avec une exactitude qui étonna le monde.

Cette guerre, dans laquelle furent engloutis plus de 10 milliards, où plus de 100.000 hommes perdirent la vie, suivie de l'invasion du territoire et d'une lutte intestine, n'eut pas, au point de vue commercial et financier, des effets aussi désastreux que la révolution de 1848 qui, comparée à ces faits, semble pourtant bien anodine. Remplacer une monarchie par un gouvernement républicain, et augmenter le corps électoral, ne sont pas choses qui semblent devoir affecter outre mesure nos finances et notre commerce. Cependant la crise politique de 1848 eut des conséquences financières déplorables et celle de 1870 passa pour ainsi dire inaperçue ; seules quelques petites mesures, comme la circulaire envoyée alors aux contribuables pour les engager à payer d'avance leurs contributions, furent prises et l'équilibre financier qui fut ainsi maintenu ne le fut pas, comme en 1848, grâce à toute sorte d'expédients. Ces résultats vraiment merveilleux sont dûs, en grande partie, à l'état dans lequel la crise trouva notre dette flottante dont les éléments immédiatement exigibles étaient peu nombreux. En 1848, dans notre dette flottante qui se montait à 630 millions, les bons du Trésor entraient pour moitié, et en 1870 on n'en trouve que 30 millions. Or c'est là, en temps de crise, le point faible de notre dette car les porteurs de ces bons peuvent en exiger le payement dans un délai généralement très court.

Aussi voyons-nous les affaires reprendre aussitôt la tourmente passée et la France n'eût pas à souffrir comme en 1848 d'un arrêt complet de

3 années dans son industrie et les augmentations d'impôts ne vinrent pas gêner les contribuables dans leurs transactions.

La guerre apporta toutefois des modifications importantes dans la constitution d'un de nos réseaux, celui de l'Est. Le traité de Francfort avait donné à l'Allemagne 840 kilomètres de lignes françaises appartenant à ce réseau. L'Etat dût passer avec cette compagnie une convention pour fixer les indemnités auxquelles elle avait droit. De longues discussions précédèrent l'adoption définitive de cette convention qui ne fut ratifiée par l'Assemblée Nationale que le 17 juin 1873.

Les termes de cet arrangement stipulaient le renoncement de la compagnie à la propriété de cette partie de son réseau et la concession de 358 kilomètres de lignes nouvelles dans le but de conserver aux chemins de fer français une partie au moins du transit entre la Belgique et la Suisse. Ce transit s'était établi sur les lignes cédées à l'Allemagne et il eût été impolitique de ne pas chercher à faire concurrence à ces voies, désormais étrangères, et qui avaient été établies dans un but semblable. En plus de ces concessions, la compagnie de l'Est devait recevoir une annuité de 20.500.000 qui correspondait à la somme de 325.000.000 que l'Allemagne déduisait de l'indemnité de guerre, et représentant la valeur du réseau d'Alsace-Lorraine. Le taux de l'emprunt du 2 juillet 1871, avait servi à calculer la quotité de cette annuité. De plus le Gouvernement faisait remise à la compagnie d'une somme de 19.669.000 francs représentant une partie de la dette qu'avait contractée celle-ci en faisant appel à la garantie d'intérêt. L'on avait tenu compte dans ce calcul de la proportion de lignes cédées comparativement à l'ensemble du réseau.

L'Assemblée Nationale eut à s'occuper à maintes reprises de la question des chemins de fer. En 1872 elle eut, pour la première fois à se prononcer sur la question du rachat qui lui était proposé pour constituer un gage hypothécaire à l'emprunt de 3 milliards, le dernier des emprunts à émettre pour la libération définitive du territoire. Le projet défendu par M. Gambetta fut combattu par M. Pouyer-Quertier dont l'opinion prévalut et qui la motivait par le bouleversement que cette mesure apporterait sur le marché des titres de chemins de fer. Ces titres, disait-il avec raison, forment une grande partie de la fortune mobilière du pays et le crédit de l'état serait le premier à souffrir de cette atteinte portée au crédit des compagnies ; loin de faciliter la réalisation des sommes nécessaires à la libération de notre territoire elle aurait pour effet certain de la retarder. Les auteurs du projet le retirèrent en voyant l'assemblée se ranger à l'avis de M. Pouyer-Quertier.

Deux ans plus tard, c'est-à-dire en 1874, la question des chemins de fer d'intérêt local reparut et donna lieu l'année suivante à des débats assez prolongés. Il s'agissait de savoir si un certain nombre de lignes, dont la construction s'imposait, seraient classées dans le réseau d'intérêt général ou dans le réseau d'intérêt local. La discussion fut chaude et se termina par l'adoption de conventions qui mettaient la création de ces lignes à la charge des grandes compagnies, et non, comme le voulaient les adversaires du projet gouvernemental, à celle des compagnies d'intérêt local.

La cause des grandes compagnies, ou pour mieux dire, la cause de l'intérêt public, fut énergiquement défendue par M. Caillaux alors ministre des travaux publics, qui monta plusieurs fois à la tribune et y exposa d'une manière tout à fait remarquable l'état de notre réseau et la situation de nos compagnies. Il discuta aussi les avantages et les inconvénients d'une liberté entière accordée aux départements dans la concession des voies ferrées. La lecture de ces discours permet de se rendre très nettement

compte de ce que l'on peut légitimement attendre, soit de nos grandes compagnies d'intérêt
général soit des compagnies secondaires d'intérêt général ou des compagnies d'intérêt local,
et du caractère que doivent avoir les concessions que l'on accorde aux unes ou aux
autres (1).

Le projet de loi qui avait motivé ce débat fut
voté le 3 juillet 1875 ; il autorisait le gouvernement à concéder à la compagnie de Paris-
Lyon-Méditerranée 835 kilomètres de lignes
nouvelles. Les compagnies de l'Est, de l'Ouest,
du Midi et du Nord obtinrent aussi dans cette
même année des concessions importantes (2).

Avant d'entreprendre le récit de la formation
du réseau de l'État et de l'établissement du régime actuel, il n'est pas inutile de comparer
l'état de nos voies ferrées avant 1870 avec la
situation dans laquelle les laissa l'Assemblée
Nationale à sa dissolution. Sans qu'il soit besoin
de s'étendre davantage, les chiffres diront assez
quelle fut l'œuvre de cette assemblée, et ce
dont nous lui sommes redevables à ce point de
vue spécial.

1. *Journal officiel* des 21, 25, 28 mai 1875.
2. Est : 444 kilomètres. Ouest : 339 kilomètres, Midi,
384 kilomètres. Nord : 135 kilomètres.

*Situation comparée des chemins de fer français
en 1869 et en 1876.*

Années	Exploités	Concédés	Totaux
—	—	—	—
1869	17.304	8.926	26.230
1876	22.676	11.850	34.526
	Différence en faveur de 1876 +		8.296

6. — *Les rachats de 1878 et la constitution du réseau de l'Etat.*

Nous avons signalé antérieurement la formation, entre 1862 et 1865, de compagnies secondaires d'intérêt général qui acceptaient la concession de lignes dont les grandes compagnies avaient refusé de se charger. Ces compagnies n'avaient jamais joui d'un trafic suffisant pour avoir une exploitation florissante. Quelques-unes, comme celles de Lille à Valenciennes, du Nord-est et de Lille à Béthune, avaient été absorbées par la compagnie voisine, la compagnie du Nord, qui assurait l'exploitation de leurs lignes et supprimait du même coup une concurrence gênante. On essaya pour les petits réseaux des Charentes et de la Vendée de procéder à une fusion qui les aurait constitués parties

intégrantes du réseau de l'Orléans. Le projet de
loi qui, adopté, eût abouti à cette extension de
ce dernier réseau, fut déposé le 1er août 1876
par le ministre des travaux publics. Soumis à
l'examen d'une commission parlementaire, il
fut l'objet d'un rapport dans lequel se trouve
exprimée l'opinion de la majorité des membres
du parlement et qui écartait tout système condui-
sant à une fusion avec le réseau de l'Orléans (1).
Selon le rapporteur, la convention à intervenir n'aurait que des inconvénients et il les
énumère ainsi :

« Il n'y aurait aucun avantage pour le Trésor
« d'appliquer au rachat des lignes appartenant
« aux Compagnies secondaires et à la construc-
« tion de lignes nouvelles le système des con-
« ventions de 1859, l'exploitation des grandes
« compagnies est onéreuse pour les finances de
« l'Etat ; la fusion des compagnies secondaires
« avec la compagnie d'Orléans soulève des pro-
« testations unanimes de la part des corps cons-
« titués ; l'annexion des autres lignes secondai-
« res, la concession de nombreuses lignes ré-
« clamées, à juste titre, par les populations, au-
« rait pour résultat de donner au réseau garanti
« de l'Orléans une extension qui serait hors

1. *Journal officiel* des 28 février et 1er mars 1877.

« de toute proportion avec la puissance admi-
« nistrative et financière d'une compagnie pri-
« vée ».

Cet exposé nous édifie suffisamment sur les
sentiments que l'on avait généralement dans les
milieux politiques pour les grandes compagnies.
Mais écarter un projet sans y substituer un
autre, eût été impolitique et la commission, afin
de supprimer toute chance de retour d'une mo-
tion semblable, concluait à une forte majorité au
rachat par l'Etat. « Le rachat par l'Etat étant,
« dit le rapport, une opération qui se justifie par
« elle-même, pourquoi avoir recours à un inter-
« médiaire, pourquoi lui demander son inter-
« vention pour un emprunt dont le principal ti-
« tre à la confiance du public est précisément
« la garantie qu'on lui accorde ». C'est là une
de ces idées simples qui à première vue peuvent
séduire nos esprits à tendance simpliste, mais
qui ne résistent pas à une discussion impartiale
et un peu sérieuse.

Si le rapporteur demandait le rachat par l'Etat,
il ne voulait pas de l'exploitation par l'Etat et
confiait l'exploitation des lignes rachetées et des
lignes à construire à des compagnies fermières
dont il croit trouver le type dans les compagnies
concessionnaires de lignes construites et exploitées sous le régime de la loi de 1842. La dis-

cussion de ce rapport nous entraînerait trop loin et nous nous bornerons à transcrire le projet de résolution qui, proposé par **M.** Allain Targé, remplaça dans le rapport le projet de résolution primitif :

« Application au rachat des lignes qui cesse-
« raient d'être exploitées par leurs premiers con-
« cessionnaires, des dispositions de l'article 12
« de la loi du 23 mars 1874, c'est-à-dire rachat
« au prix réel, déduction faite des subven-
« tions primitivement accordées pour la cons-
« truction.

« Concentration de toutes les lignes à grand
« trafic d'une région sous une même adminis-
« tration, de telle sorte qu'il ne puisse s'éta-
« blir, aux dépens de l'État, une concurrence
« ruineuse pour le Trésor, pour les exploi-
« tants et bientôt pour les populations elles-
« mêmes, entre les lignes subventionnées par
« l'Etat ;

« Etablissement de garanties sérieuses et de
« règlements assurant à l'Etat l'exercice perma-
« nent de son autorité sur les tarifs et sur le
« trafic, et offrant aux intéressés les moyens de
« faire parvenir officiellement à l'Administra-
« tion, leurs réclamations ;

« Réserve absolue du droit de l'État d'ordon-
« ner à toute époque et sans atteindre la situation

« financière réservée par les contrats, la cons-
« truction de lignes nouvelles qu'il jugerait né-
« cessaire de joindre au réseau de la région ;
« Pour le cas où la compagnie d'Orléans se
« refuserait à traiter sur les bases qui viennent
« d'être indiquées, constitution d'un grand
« réseau de l'Ouest ou du Sud-Ouest exploité
« par l'Etat ».

C'était là, comme on le voit, tout un nouveau programme. L'Etat se voyait accorder le droit d'intervenir en matière de tarifs et de concessions nouvelles ; et, innovation importante, on reconnaissait la possibilité du rachat au prix réel, déduction faite des subventions primitivement accordées, de toutes les concessions dont les titulaires viendraient à cesser l'exploitation. On allait ainsi pouvoir procéder à une vaste liquidation des entreprises de chemins de fer en déconfiture.

Conformément à l'opinion exprimée par la Chambre, dans son vote sur la proposition de M. Allain-Targé, le ministre négocia avec la Compagnie des Charentes et après avoir signé avec elle un projet de rachat, nomma une commission arbitrale pour estimer l'indemnité due à la Compagnie. Des négociations semblables s'ouvrirent avec les cinq autres compagnies secondaires d'intérêt général et les quatre compagnies d'intérêt local dont le rachat de tout ou partie des lignes devait constituer plus tard le réseau de l'Etat (1).

Le projet de rachat fut présenté le 10 janvier 1878 par M. de Freycinet, ministre des Travaux Publics ; le rapporteur, M. Sadi-Carnot, conclut à son adoption, et la loi fut votée par la Chambre le 15 mars 1878 à une très forte majorité.

Deux décrets en date du 25 mai 1878 vinrent organiser l'exploitation de ces lignes devenues depuis lors le réseau de l'État. Le rapport, joint à ces décrets, et justifiant auprès du Président de la République la présentation de ces documents à sa signature, est fort intéressant. Il y est dit que ces deux décrets ont pour but de créer un état provisoire qui peut prendre fin ou durer, à la volonté du Parlement ; l'on sait que cet état provisoire est devenu définitif et que l'on cherche même à l'étendre à tout notre réseau. Cependant, dans le projet, le mot provisoire revient à chaque instant et nous ne pouvons voir

1. Les six compagnies secondaires d'intérêt général étaient :

Les compagnies des Charentes, de la Vendée, de Bressuire à Poitiers, de Saint-Nazaire au Croisic, d'Orléans à Châlons, de Clermont à Tulle.

Les quatre compaguies d'intérêt local étaient :

Les compagnies des chemins de fer Nantais, de Poitiers à Saumur, de Maine-et-Loire et Nantes, d'Orléans à Rouen.

là qu'une manœuvre, habile puisqu'elle a réussi, destinée à rallier au projet gouvernemental des voix dissidentes.

Le décret lui-même qui, dans son article premier donne au nouveau réseau le nom de Chemins de fer de l'Etat ; répète à chacun des articles suivants du Titre I le mot « provisoire », et le Titre II qui organise l'exploitation, ne le fait également, comme l'indique son en-tête que provisoirement. Malgré ces promesses, nous avons appris, à nos dépens, qu'en matière politique le proverbe latin bien connu « *verba volant, scripta manent* » n'avait aucune valeur. Nous savons bien que ce n'était là qu'une simple promesse, mais nous verrons plus tard si dans tous les milieux politiques actuels les contrats, et non plus seulement les promesses, sont considérés comme engageant les deux parties contractantes. Nous aurons à signaler un courant d'opinion qui, si jamais il arrivait à gagner la majorité parlementaire, aurait pour effet de faire résilier les contrats passés avec les compagnies de chemins de fer en annulant les clauses onéreuses pour l'Etat, autrement dit, de pousser l'Etat à faire banqueroute, ce qui est évidemment très profitable sur le moment, mais terriblement dangereux pour le crédit public.

Si le réseau des chemins de fer de l'Etat avait

été, comme le désirait M. Dufaure en 1837, un modèle de tous les perfectionnements qui manquent aux chemins de fer au point de vue de l'exploitation et de l'administration, nous eussions compris que cet état provisoire fût devenu définitif, mais il n'en est rien. La suite de notre étude nous permettra, par la comparaison, de faire ressortir les vices inhérents à ce mode d'exploitation des chemins de fer et d'indiquer les effets désastreux qu'auraient pour les finances de l'État, une nationalisation générale des voies ferrées.

La conséquence du rachat par l'État des lignes dont nous avons précédemment donné l'énumération, fut l'acquisition de 2.600 kilomètres de chemins de fer d'intérêt général et d'intérêt local, ces derniers étant classés désormais, par la loi du 18 mai 1878 dans le réseau d'intérêt général. La dépense comportait le versement immédiat d'une somme de 280 millions représentant l'indemnité de rachat, auxquels devaient s'ajouter plus tard 225 millions pour l'achèvement des lignes rachetées.

7. — *Les chemins de fer et le plan Freycinet.*

La France, nous l'avons vu plus haut, s'était relevée, avec une énergie incroyable, de la crise terrible qui en 1870-1871 l'avait un instant ébranlée. L'industrie et le commerce étaient extrêmement florissants, le budget se soldait en excédent et les impôts rentraient avec une facilité incroyable. Ebloui de cette prospérité, le pays tout entier demandait que, les travaux de la guerre étant achevés et notre situation militaire rétablie, on s'occupât des travaux de la paix. C'est à cette poussée de l'opinion publique, bien plus qu'à la conception personnelle d'un homme, que nous devons le programme des grands travaux publics.

C'est le 8 janvier 1878, qu'eut lieu, entre MM. de Freycinet, Gambetta et Léon Say, une entrevue demeurée célèbre, et où il fut décidé, c'était la plus grosse dépense, que notre réseau ferré serait achevé et complété. Ces travaux constituaient une partie de ce qu'on a appelé le plan Freycinet, quoiqu'à vrai dire il dût plutôt porter le nom de plan Léon Say et Freycinet, M. Léon Say fournissant l'instrument principal, l'instrument financier. M. de Freycinet avait, dans un rapport relatif à l'institution de commissions régionales, en vue de compléter le réseau des chemins de fer d'intérêt général, évalué la dépense à 3 milliards environ (1). On

1. *Journal officiel* des 2 et 3 janvier 1878.

aurait ainsi construit 16.000 kilomètres dont 6.000 concédés déjà à des Compagnies. Les commissions régionales, dont il est parlé dans ce rapport, devaient classer les lignes suivant leur importance. Une autre partie du programme comportait, nous n'en parlerons que pour mémoire, une dépense de 1 milliard.

C'était là évidemment une entreprise considérable, mais, étant données les ressources du pays, ressources que l'on pouvait calculer approximativement, elle ne semblait pas exagérée. M. Léon Say, alors ministre des finances, crut pouvoir s'engager à fournir les sommes nécessaires pour solder les dépenses qui étaient évaluées, à cette époque, de la manière suivante :

Rachat et achèvement des réseaux des compagnies secondaires.	500.000.000
Travaux de construction de voies ferrées	3.000.000.000
Travaux dans les ports et pour les voies navigables.	1.000 000.000
Total.	4.500.000.000

Cette évaluation de 1878 ne devait pas tarder à s'accroître ; en effet, dès 1879 on estimait la dépense à 5.800.000.000 fr. et en 1882 les sommes révisées se montaient à :

Chemins de fer.	5.281.700.000
Navigation.	2.010.100.000
Total.	7.291.800.000

On a souvent reproché à M. Léon Say d'avoir pris des engagements financiers que l'on ne devait pas pouvoir tenir et l'on oublie trop souvent de distinguer les chiffres de 1878, tels que M. de Freycinet les lui donna dans le principe, des chiffres que l'on retrouve en 1882. Comme il le dit du reste, dans un discours prononcé devant le Sénat, lors de la discussion du budget de 1883 ; M. Say n'avait qu'à s'occuper de fournir les ressources nécessaires pour couvrir les dépenses prévues (1). Il n'avait pas à s'occuper d'un plan de 8 milliards puisqu'il n'avait devant lui qu'un plan de 4 milliards et demi. Malgré la fixité que l'on doit attendre d'un programme qui comporte par définition des limites, c'eût été manquer de prévoyance que de ne pas laisser au système financier adopté une certaine élasticité. Suivant M. Say le plan financier adopté par lui pour solder les dépenses pouvait parfaitement s'adapter à l'augmentation de 1.300 millions que l'on constate dès la fin de 1879 ; aussi ne croit-il pas nécessaire de le remanier. En effet, la durée de la période d'exécution des travaux qui, selon le rapporteur de la loi, pouvait varier de dix ans à trente ans donnait au plan une grande élasticité, qui per-

1. Sénat, séances des 19 et 20 décembre 1882. Discussion du budget de 1883.

mettait de faire supporter par le budget une charge d'intérêt correspondant à un capital de 5 milliards 800 millions, bien que cette charge dépassât de 1 milliard 300 millions les évaluations primitives.

Si la dépense devait devenir supérieure à cette somme, il est bien évident que l'on devait se préoccuper d'augmenter les ressources pour y faire face. Si des fautes ont été commises, elles ne sont imputables en aucune façon aux auteurs du projet, mais bien aux ministres qui leur ont succédé et qui ne se sont pas préoccupé de proportionner les ressources aux dépenses ou, peut-être, les dépenses aux ressources.

L'instrument destiné à fournir le capital du plan primitif, était le 3 p. 100 amortissable qui se recommandait par deux qualités : il présentait les avantages des obligations de chemins de fer, titre bien connu du public, ce qui devait faciliter son classement ; il ressemblait par beaucoup de points à un type de fonds anglais très apprécié : l'annuité terminable. De la sorte le public continuerait à donner à son argent la même destination, le plaçant dans des entreprises de travaux publics et cela dans une forme identique à celle qu'il préférait jusque-là, seulement l'État deviendrait emprunteur aux lieu et place des Compagnies.

De plus, ce nouveau titre s'amortissant suivant un procédé automatique, on y trouvait le
grand avantage de ne pas faire peser sur le budget une charge indéfinie. En effet, lorsque le Parlement ne voudrait pas amortir et l'on sait que
c'est là un de ses moindres soucis, il se verrait
dans l'obligation de le dire explicitement ; et
l'on sait qu'il est moins dangereux pour un
parlement, au point de vue de sa popularité,
de se borner à ne pas pratiquer d'amortissement que de déclarer nettement qu'il n'en veut
pas faire.

La loi du 11 juin 1878 créa donc les ressources nécessaires pour l'exécution du plan de grands
travaux publics, en établissant un nouveau type
de rente 3 p. 100 amortissable en 75 ans et di-
visé en 175 séries. Le tableau d'amortissement
prévoyait le remboursement annuel de une, puis
de 2, puis de 3 et ainsi de suite jusqu'à 6 séries ;
l'amortissement intégral des 75 séries devant
être terminé en 1952.

Disons, avant de terminer cette question, les
transformations apportées dans notre réseau par
la loi du 17 juillet 1879. Le premier projet, éla-
boré par le conseil des Ponts-et-Chaussées, classait dans le réseau d'intérêt général 4.500 kilomètres de chemins de fer, mais l'on dépassait
bien vite ce chiffre par des additions inces-

santes, et lors de la promulgation   de la loi, ce n'était plus 4.500 kilomètres mais 8.848 que l'on classait dans le réseau d'intérêt général. Le prix de revient du kilomètre fixé d'abord à 250.000 francs, avait été arbitrairement abaissé à 200.000 francs, quoique l'on pensât bien atteindre dans certains pays pauvres et accidentés 300 et même 400.000 francs par kilomètre, mais, pensait-on, celà se compensera avec les 50,000 francs que l'on ne dépensera pas dans les régions faciles où le kilomètre revient à 150.000 francs. A ces 8.848 kilomètres classés d'intérêt général, il faut ajouter les lignes classées à diverses époques, mais non encore exécutées, se montant à 8.300 kilomètres, soit en tout 17.848 kilomètres à exécuter.

L'exécution de tous les travaux compris dans le plan Freycinet commença avec une activité fébrile, une quantité de chantiers s'ouvraient sur tous les points du territoire où se trouvaient disséminées les lignes que l'Etat avait prises à sa charge. Cette mauvaise disposition des lignes rendait très difficile leur exploitation pour laquelle, d'ailleurs, rien n'avait été prévu. A mesure que les lignes étaient achevées, il fallait pourvoir à leur mise en valeur, parfois en les mettant en régie, ce qui ne valait pas grand'chose, d'autres fois en demandant à une compagnie voisine de l'exploiter, ce qui ne valait guère mieux, tous les déficits de l'entreprise restant à la charge de l'Etat.

Tout le monde comprenait fort bien à cette époque que l'on devait se prononcer d'une manière définitive sur le régime que l'on comptait appliquer à ces lignes.

La crise qui en 1882, succédant au krach de l'Union Générale, compromit jusqu'au crédit public lui-même, rendait plus pressant encore le besoin d'une solution. L'État désirait vivement voir les compagnies prendre à leur charge une partie des dépenses de construction et d'exploitation de ces voies nouvelles, et les compagnies, de leur côté, désiraient faire cesser, ou du moins s'assurer contre les sentiments hostiles qu'elles rencontraient dans les milieux parlementaires et qui faisaient échouer tous les projets de conventions présentés par des ministres successifs pour mettre fin à cet état de choses.

Le 11 juin 1883, le ministre des travaux publics d'alors, M. Raynal, porta devant le Parlement les conventions provisoires passées par lui avec les compagnies de chemins de fer. Plus heureux que ses devanciers, il devait réussir, après une longue et ardente discussion, à faire triompher son opinion.

La France obtenait enfin, un peu aux dépens

de ce malheureux ministre, un régime sous lequel ses entreprises de chemins de fer allaient pouvoir prospérer, rendant au pays les services qu'il était en droit d'en attendre après les sacrifices faits, et ne faisant supporter au Trésor que le minimum des charges nécessaires (1).

C'est l'étude de ce nouveau régime qui fera l'objet de notre deuxième chapitre.

1. En 1895 la lutte entre les partisans et les adversaires des conventions prit un tel caractère d'agression personnelle contre M. Raynal que pour en finir le Parlement décida, d'accord avec M. Raynal, le 14 janvier 1895, de procéder à une enquête pour savoir s'il y avait lieu « de « mettre en accusation pour crime commis dans l'exercice « de ses fonctions, M. Raynal, ancien ministre des Tra- « vaux Publics ».

Le 3 février 1896, après une longue enquête et une discussion très vive, la Chambre décida qu'il n'y avait pas lieu de mettre M. Raynal en accusation.

CHAPITRE II

Régime actuel des voies ferrées.

I. — *Les conventions de 1883. — Modifications apportées à ces contrats.*

Comme nous le disions au chapitre précédent, il devenait absolument nécessaire, vu les évènements, de prendre des mesures pour assurer la création de ce troisième réseau de voies ferrées que le ministère de M. de Freycinet avait promis au pays.

M. Rouvier, dans le rapport qu'il présenta à la Chambre au nom de la commission chargée d'examiner les projets de loi portant approbation des conventions provisoires passées entre le Ministre des Travaux publics et les Compagnies de Chemins de fer, fait un exposé très net de la situation et des différentes solutions possibles. Nous ne saurions mieux faire que de reproduire cette partie du rapport :

« En présence d'une telle situation, trois solu-
« tions se présentaient :

« La première consistait à restreindre l'exé-
« cution des grands travaux dans la mesure de
« la somme tenue en réserve dans le budget de
« 1884, pour gager un emprunt qui ne pourra
« pas être de beaucoup supérieur à 300 mil-
« lions et qui devra pourvoir non seulement
« aux dépenses extraordinaires de la Guerre,
« mais encore aux travaux autres que ceux des
« chemins de fer. Il est permis de penser qu'une
« telle solution, ajournant pour un temps indé-
« terminé l'exécution de travaux solennellement
« promis aux populations n'eût été ratifié ni par
« le pays, ni par ses représentants ».

« Une autre solution eût consisté à augmen-
« ter, dans le budget de 1884, le gage d'un
« emprunt prochain, et à déclarer, dès le début
« de l'année courante, que l'Etat émettrait un
« emprunt de 5 à 600 millions, au moins, dans
« les premiers mois de l'année prochaine.
« Quel eût été l'effet d'un tel avertissement
« donné au marché financier, encore mal remis
« de la secousse de l'an dernier ? C'est ce qu'il
« n'est que trop facile de prévoir. D'un autre
« côté eût-il été prudent de tenter un emprunt
« de cette importance au lendemain de la con-
« version, lorsque le déclassement des rentes,

« qui suit toujours une opération de ce genre,
« pèse encore sur le marché.

« Si l'on écarte ces deux solutions : ralentis-
« sement des travaux ou annonce d'un emprunt
« important, suivi d'autres emprunts successifs
« il n'en reste plus qu'une, c'est celle qui con-
« siste à se décharger sur les Compagnies de
« chemins de fer du soin de construire les nou-
« velles voies ferrées : c'est en un mot de trai-
« ter avec les Compagnies » (1).

C'était bien-là en effet la seule solution possible, tout le monde le reconnaissait. M. Allain-
Targé qui passait, à tort peut-être, pour un adversaire des grandes compagnies, à cause de la
lutte qu'il avait entreprise contre les tarifs de
« pénétration », s'exprimait ainsi : « Je regar-
« de comme un très grand malheur que, jusqu'à
« présent, le gouvernement, depuis quatre ans
« que la question est posée, ait reculé et ajour-
« né la solution.... Nous avons six grandes com-
« pagnies, six grands réseaux : je déclare que
« je trouve ces réseaux admirablement organisés
« et que je suis de ceux qui ne veulent rien y
« changer, qui ne veulent pas faire un septiè-
« me réseau, ni dépecer les chemins de fer pour
« les partager...

1. *Journal officiel* du 10 juillet 1883.

« Les traités ne sont pas très commodes à
« conclure. Cependant il est bien certain que la
« vraie solution, c'est de reviser les contrats...
« Je veux, ou plutôt nous voulons, — car je
« crois que c'est l'opinion de la Chambre —
« nous voulons traiter avec les grandes Compa-
« gnies. »

Une très vive discussion parlementaire pré-
céda le vote du projet de loi présenté par
M. Raynal, mais la nécessité d'aboutir au plus tôt
à une solution pratique, l'emporta sur les objections présentées à la tribune par les adversaires
des conventions. Nous aurons à étudier plus tard
la valeur des arguments donnés dans un sens et
dans l'autre, lorsque nous ferons l'examen des
contrats passés avec les Compagnies en 1883.

Nous exposerons d'abord les différentes clauses les plus importantes insérées dans les conventions provisoires, devenues définitives par le
vote de la Chambre en juillet 1883 et par celui
du Sénat en novembre de la même année, et
promulguées le 20 novembre pour recevoir leur
application à partir du 1er janvier 1884.

Certaines de ces clauses, communes à toutes
les compagnies, ne diffèrent, quand cela se produit, que par les chiffres représentant le nombre
de kilomètres incorporés dans chaque réseau,
ou le maximum de la garantie, ou bien encore

le revenu réservé avant partage, etc..., toutes dispositions émanant d'un principe commun. D'autres, au contraire, sont spéciales à chaque compagnie, et résultent, pour la plupart, de la situation financière où se trouve chaque compagnie vis-à-vis du Trésor, par suite des conventions antérieures.

Parmi les clauses communes à toutes les compagnies, la plus importante, celle d'où découlent tous les autres, c'est l'incorporation dans leurs réseaux de la majeure partie des lignes du programme de 1879, construites, rachetées, en construction ou à construire. Au nouveau et à l'ancien réseau de chacune des grandes compagnies, vient s'ajouter un troisième réseau qui se composait de presque toutes les lignes du plan Freycinet ; nous disons presque, car celles auxquelles ne s'appliquait pas cette mesure, devaient, pour satisfaire une opinion assez répandue dans le parlement, être construites dans des conditions économiques et former des groupes locaux, susceptibles d'exploitations isolées.

Cette augmentation de leurs réseaux devait imposer aux compagnies de lourdes charges, car ces nouvelles lignes resteraient longtemps encore sans suffire à leur exploitation, et leur construction nécessiterait un mouvement de capitaux considérable. Si l'on se souvient des garanties que l'on fut obligé, en 1859, d'accorder aux compagnies pour la création de leur nouveau réseau, l'on ne s'étonnera plus de celles qui leur furent octroyées par les contrats de 1883.

Les compagnies acceptaient donc de construire et d'exploiter ce troisième réseau ; elles exécuteront les travaux et se procureront les fonds nécessaires par des émissions d'obligations. Les sommes ainsi obtenues devront être suffisantes non seulement pour faire face à la part de dépenses afférente à chaque compagnie, mais encore pour solder la part incombant à l'Etat dans la construction.

Les compagnies, ont à fournir, par kilomètre de chemin de fer, une somme de 25.000 francs, le matériel roulant, le matériel, le mobilier et l'outillage des gares, le tout estimé à une cinquantaine de mille francs. Le surplus de la dépense est fournie par l'Etat. Mais pour que le Trésor ne supporte pas la charge d'une construction trop luxueuse, dont les compagnies eussent profité sans la payer, un article des conventions stipule que l'Etat pourra faire construire par ses ingénieurs, s'il n'arrive pas à s'entendre avec une compagnie sur l'estimation des travaux à entreprendre, travaux dont le devis doit toujours lui être présenté.

Rien de plus juste que cette disposition qui permet à un associé de contrôler son associé ; d'autant plus juste même que ses intérêts dans l'entreprise sont plus considérables. La part de dépense de l'Etat peut être parfois très lourde sans être exagérée et cette clause prévient bien des discussions qui n'ont plus de raison d'être du moment que l'Etat peut construire lui-même s'il le juge à propos. Lorsque l'Etat s'entend à l'amiable avec une compagnie et approuve ses devis, il fixe un maximum spécial à chaque ligne, maximum que la compagnie ne peut dépasser sous peine de voir l'excédent retomber à sa charge. Cette possibilité de fixer un maximum, que s'est attribué l'Etat, a une extrême importance, car elle laisse à la compagnie les risques alors qu'elle ne peut réaliser aucune économie personnelle sur la construction. Peut-être, dans les cas exceptionnels, pourrait-elle en forçant ses évaluations obliger moralement l'Etat à construire lui-même, mais ce ne serait jamais là qu'une exception et en général même dans la construction qui semble la moins aléatoire, il peut se produire des accidents impossibles à prévoir et qui auraient pour conséquence une aggravation des charges de la compagnie.

Les sommes que l'Etat aura à payer lui seront

avancées par les compagnies, au moyen de leurs émissions d'obligations, et l'Etat remboursera aux compagnies, au moyen d'annuités les charges d'intérêts et d'amortissement des capitaux empruntés.

C'est là ce que l'on peut appeler le principe des conventions de 1883 : les compagnies se substituant à l'Etat pour réaliser les capitaux nécessaires à la construction de ce réseau, promis par lui et qu'il ne pouvait raisonnablement achever.

Avant de terminer l'examen des clauses des conventions relatives à la construction des lignes, notons que pour assurer la rapide exécution du troisième réseau, l'Etat exige des compagnies qu'elles livrent chaque année un certain nombre de kilomètres, faute de quoi elles seront frappées d'une contribution supplémentaire de 5,000 francs par kilomètre et par an. Cette pénalité constitue une garantie sérieuse, car, pour qu'elle fût inefficace, il faudrait supposer que le revenu kilométrique brut serait inférieur de 5,000 francs à la dépense kilométrique ce qui est invraisemblable.

Pour l'exploitation, il est stipulé, que toute distinction entre l'ancien et le nouveau réseau est supprimée ; ces deux réseaux, auxquels s'ajoutent les lignes nouvelles du troisième réseau, ne forment plus qu'un même ensemble régi par le même cahier des charges (1). Leurs dépenses et leurs recettes seront inscrites dans un compte unique d'exploitation.

C'est là encore une des mesures importantes que l'on trouve dans les conventions de 1883. De la sorte en effet, l'État trouvait le grand avantage de faire supporter par les compagnies les déficits d'exploitation des lignes nouvelles. Auparavant le Trésor avait à supporter les pertes résultant du fonctionnement de ces lignes exploitées en régie. Désormais le jeu de la garantie d'intérêt, réorganisée, atténuera beaucoup la valeur de ces charges.

En fin d'exercice, selon les termes mêmes des conventions de 1883, une quelconque des grandes compagnies, doit procéder ainsi qu'il suit : prélever sur les recettes nettes du compte unique d'exploitation les sommes nécessaires pour assurer le service de sa dette et des emprunts nouveaux, qu'elle contractera et pour donner aux actionnaires un certain dividende, dont le taux a d'ailleurs été généralement atteint

---

1. La distinction subsiste pour le compte d'établissement des Compagnies du Nord et de Paris-Lyon-Méditerranée mais simplement pour limiter à un maximum l'appel possible à la garantie de l'Etat.

par chacune des compagnies (1). Si les recettes d'un exercice ne suffisent pas à couvrir ces dépenses, l'Etat versera le montant de l'insuffisance à titre de garantie d'intérêt. Si au lieu de cela, le compte se solde par un excédent, il est affecté tout d'abord au remboursement des avances faites par l'Etat au titre de la garantie avec les intérêts à 4 0/0 puis, après extinction de la dette, cet excédent appartient aux actionnaires jusqu'au moment où il atteint un certain chiffre ; alors l'Etat se verra, non plus au titre de créancier comme précédemment, mais au titre d'associé, attribuer les deux tiers des bénéfices.

1. Pour toutes les compagnies, sauf pour le Midi, on a voulu maintenir aux actionnaires la situation acquise antérieurement. Peut-être s'est-on trompé parfois de 1 fr. ou de 0 fr. 50, cela tient aux bases sur lesquelles on a calculé le dividende garanti, bases qui n'étaient pas définitives, les comptes des derniers exercices n'étant pas entièrement vérifiés. L'écart d'ailleurs est trop minime pour exercer une grande influence sur les charges de l'Etat.

Pour le Midi on voulait, en fixant à 50 francs son dividende garanti augmenter de 10 francs environ le dividende auquel il avait droit à ce moment. Cette compagnie allait en effet voir ses recettes augmenter et son dividende dépasser même 60 francs après l'extinction prochaine de sa dette. Les engagements qu'elle prenait lui enlevaient cette espérance et elle ne les accepta que moyennant l'augmentation sus indiquée de son dividende. Devant ces constatations la plupart des critiques soulevées par cette fixation, soi-disant arbitraire, des dividendes garantis sont réduites à néant.

L orsque l'Etat aura été remboursé de ses avances, et au cas où le revenu net dépasserait la somme suffisante pour faire face aux charges du capital obligations et assurer aux actionnaires le revenu réservé, il y aura lieu au partage des bénéfices entre l'Etat et la compagnie. Les conventions de 1859 ne donnaient à celui-là que la moitié des excédents, celles de 1883 lui confèrent le droit d'en recevoir les deux tiers, un tiers seulement restant à la compagnie pour augmenter les dividendes de ses actionnaires.

Contrairement à ce qui avait été stipulé dans des conventions antérieures (1) l'on ne garantit plus les compagnies, pendant une certaine période contre les risques d'une éviction par rachat. L'article 37 du cahier des charges commun à toutes les compagnies laisse au gouvernement le droit de racheter les réseaux quand bon lui semble ; les conventions de 1883 n'apportent aucune restriction à cette prérogative : l'Etat peut racheter à toute époque la concession entière, mais il doit se conformer aux prescriptions édictées par les conventions nouvelles.

Les prescriptions de 1883 jointes à celles des actes antérieurs, (actes de concession, cahier des

1. V. par exemple l'accord conclu le 28 février 1882 avec la compagnie d'Orléans.

charges), peuvent se résumer dans les quelques règles que nous allons énumérer.

Si l'Etat vient à racheter le réseau d'une compagnie il lui devra, et c'est là le principe général, jusqu'en fin de concession une annuité égale au bénéfice dont il la prive. Pour calculer ce bénéfice, on prend les revenus nets de sept dernières années, déduction faite des deux plus mauvaises, l'on en fait une moyenne qui ne pourra jamais être inférieure au revenu net du du dernier exercice. C'est, pour ainsi dire, la compensation du bénéfice certain que la compagnie aurait réalisé ; mais il y a aussi des béné - fices éventuels auxquels la compagnie aurait pu raisonnablement prétendre et que son éviction va procurer à l'Etat. Les lignes nouvellement construites ne donnent pas encore un trafic normal, mais sont au contraire dans une période de développement rapide. Les dépenses de construction et d'exploitation de ces lignes, venant restreindre le revenu net de la compagnie, diminueraient par celà même l'annuité à laquelle lui donne droit l'article 37 du cahier des charges. On fut donc amené à fixer arbitrairement une limite à ce développement, en deçà de laquelle une sorte de prime d'éviction sera accordée à la compagnie en cas de rachat.

Les lignes, non pas seulement construites,

mais en exploitation depuis moins de 15 années au moment du rachat, seront estimées, si les compagnies en font la demande, non d'après leur produit net, mais d'après leur capital de premier établissement. Les travaux complémentaires, exécutés depuis moins de quinze ans, donneront, à la compagnie, droit à autant de quinzièmes du capital employé de cette manière, qu'il restera d'années à courir pour compléter la période de quinze années à dater de leur achèvement.

Cette mesure critiquée souvent, nous semble parfaitement juste. On a intérêt à pousser les compagnies à construire des lignes nouvelles et à exécuter des travaux complémentaires car ce sont là deux moyens de développer le trafic de leur réseau, et d'augmenter la sécurité sur leurs lignes. Nous verrons plus tard qu'après s'être écarté de cette ligne de conduite, le gouvernement est obligé d'y revenir, poussé par l'opinion publique.

Revenant à nos conventions nous y voyons résolue une question délicate : les avances faites par l'Etat à titre de garantie d'intérêt font-elles partie du revenu net qui sert de calcul à l'annuité. Oui, disent les conventions, c'est-à-dire que le prix total du rachat ne pourra, en aucun cas ressortir à une somme correspondant à une annuité inférieure au montant du revenu réservé aux actionnaires, augmenté des charges d'intérêt et d'amortissement des emprunts.

Si, au moment du rachat, une compagnie n'avait pas intégralement remboursé à l'Etat les avances reçues à titre de garantie d'intérêt, la valeur du matériel qui sert de gage à cette créance serait compensée, jusqu'à due concurrence avec le montant de la dette. Si la valeur du matériel, fixée à dire d'experts, était supérieure à la dette, l'excédent serait versé à la Compagnie ; dans le cas contraire l'excédent de la créance de l'Etat resterait sans compensation.

Nous avons vu que, dans les conventions antérieures, les travaux complémentaires, exécutés par les compagnies sur des lignes déjà livrées à la circulation, devaient l'être dans un certain laps de temps après l'achèvement des lignes pour pouvoir être pris en considération dans les comptes de la garantie. C'était déjà un progrès sur les dispositions prises précédemment qui n'admettaient pas les dépenses complémentaires dans le calcul du capital de premier établissement.

Les conventions de 1883 décident au contraire que les dépenses complémentaires, à quelque époque qu'elles aient été faites, seront portées en dépenses dans le compte du revenu net du

réseau. « On comprendra dans le compte des
« dépenses : .... L'intérêt, l'amortissement et
« les frais accessoires, au taux effectif des em-
« prunts contractés, des sommes employées
« par la Compagnie, et dûment justifiées, dans
« les conditions fixées par le décret du 2 mai
« 1863 et les conventions en vigueur..... pour
« les travaux complémentaires à exécuter, à
« toute époque, sur l'ensemble du réseau, con-
« formément à des projets approuvés par le mi-
« nistre des Travaux Publics ».

La question des tarifs ne fut pas négligée non
plus dans les conventions de 1883. Les compagnies y prennent l'engagement de diminuer les
tarifs de voyageurs lorsque la surtaxe de 10
pour 100 établie en 1871 sur la grande vitesse
cessera d'être perçue. En dehors de cet abaissement spécial des tarifs, les compagnies s'en-
gageaient d'une manière générale à consentir
des réductions égales aux dégrèvements ulté-
rieurs opérés par l'Etat sur l'impôt des transports par grande vitesse, à condition toutefois
que les compagnies aient retrouvé les recettes
nettes acquises avant le premier dégrèvement.

Nous n'avons pas ici à entrer dans le détail
des négociations ouvertes par le gouvernement
avec les compagnies pour modifier leur système
de tarification des marchandises. Disons sim-

plement qu'on obtint dans le système des tarifs une simplification relative.

Il nous reste à parler d'une généralisation, faite par les conventions d'une règle déjà appliquée, mais dans une mesure très restreinte ; nous voulons dire les comptes d'exploitation partielle.

Jusqu'au 1er janvier qui suivra l'achèvement des lignes nouvellement concédées, ces lignes ainsi que celles dont la concession a été accordée en 1875 donneront lieu à l'ouverture d'un compte, dit d'exploitation partielle. Chaque année l'on portera en dépenses dans ce compte les intérêts et l'amortissement des obligations émises pour l'exécution des sections de ces lignes qui seront successivement mises en exploitation et les dépenses nécessitées par cette exploitation. Les recettes se composeront, des recettes d'exploitation, des annuités correspondant à la part contributive de l'Etat dans leur construction, des excédents du revenu net des lignes en exploitation complète déversés au compte des lignes en exploitation partielle. En cas d'insuffisance des recettes, l'excédent des charges sera porté au compte de premier établissement.

Chaque année la compagnie devra reporter au compte d'exploitation complète celles des lignes terminées dont les charges pourront être, d'une manière continue, couvertes par l'excédent du revenu net déversé les années précédentes du compte des lignes en exploitation complète au compte des lignes en exploitation partielle (1).

Cette extension peut-être excessive d'une mesure déjà ancienne, devait avoir des conséquences sérieuses, comme nous le verrons en étudiant les résultats financiers des conventions. On pensait éviter ainsi une charge pour le Trésor, les compagnies ne reportant ces insuffisances à leur compte d'exploitation, qu'à une époque où l'on prévoyait qu'elles auraient cessé tout appel à la garantie. Il n'en fut pas ainsi et l'on dut, devant l'énormité des insuffisances ainsi capitalisées, revenir sur cette mesure.

Telles sont les principales clauses des conventions de 1883 et les grandes lignes du régime qu'elles ont établi en France pour nos six grands réseaux de voies ferrées. Nous ne voulons pas dire que nous les ayons toutes exposées, car en ce faisant nous serions sorti de notre sujet qui ne comprend que les rapports financiers existant entre les compagnies et l'Etat. Même ne

1. Art. 11 de la convention passée avec l'Est.

sommes-nous pas complet, dans cet ordre d'idées ;
pour l'être, en effet, il nous faudrait entrer dans
les détails des contrats, détails qui variant avec
chaque compagnie, ont rapport soit à la quotité
du revenu réservé avant partage, soit encore à
des dispositions relatives au remboursement partiel ou total de la dette qu'une compagnie avait
contractée antérieurement envers l'Etat. Il est
cependant une disposition particulière à la compagnie d'Orléans que nous ne pouvons passer
sous silence car elle intéresse au plus haut point
notre réseau d'Etat.

La compagnie d'Orléans cède au réseau des
chemins de fer de l'Etat 400 kilomètres de lignes
enchevêtrées dans celui-ci, qui, en échange,
lui remet des lignes totalement divergentes et
enclavées dans le réseau de cette compagnie.
La convention règle les conditions de l'échange
et prévient les détournements de trafic en établissant les règles que l'on devra observer, d'un
côté comme de l'autre, dans la tarification des
voyageurs et des marchandises sur les lignes
concurrentes de l'un et de l'autre réseau. Elle
autorise en outre les chemins de fer de l'Etat à
transporter jusqu'à Paris en empruntant la ligne de l'Orléans ses voyageurs et ses marchandises à certaines conditions. Les chemins de
fer de l'Etat, ayant ainsi deux voies d'accès sur

la capitale, l'une par l'Ouest et l'autre par l'Orléans, réalisent l'économie importante de la construction d'une ligne coûteuse et, par l'échange fait avec l'Orléans, acquièrent une homogéneité qui les rend susceptibles d'une meilleure exploitation.

Depuis les conventions de 1883, aucune modification importante n'a été introduite dans le régime des Chemins de fer français. Nous n'avons à enregister que des conventions secondaires dont les premières apportent une restriction à la faculté, primitivement accordée aux compagnies, d'inscrire les insuffisances annuelles de leurs lignes en construction au compte d'exploitation partielle. Les conventions passées de 1887 à 1891 ont réduit à un an, pour les compagnies de l'Est, du Midi et de l'Ouest, et à cinq ans, pour les compagnies de Paris à Lyon et à la Méditerranée et d'Orléans, l'existence de ce compte d'exploitation partielle. De telle sorte que les lignes neuves deviennent partie intégrante du réseau garanti à partir du 1er janvier de la première ou de la cinquième année qui suit leur ouverture complète à l'exploitation.

Une autre convention passée avec la compagnie de Paris à Lyon et à la Méditerranée en 1897, stipule le remboursement anticipé de la dette de 150 millions contractée par elle de

1884 à 1895, et la prise en charge par elle des insuffisances de la ligne du Rhône au Mont-Cenis en l'incorporant à son réseau. Mais elle reçoit à titre de compensation une annuité représentant la partie permanente de la garantie afférente à cette ligne toujours en déficit.

2. — *Les compagnies secondaires métropolitaines. — Caractères généraux des garanties qui leur sont accordées.*

Nous venons de voir sur quelles bases financières sont constitués nos six grands réseaux de chemins de fer. Nous avons vu également, comment s'est formé le réseau d'Etat, d'abord comme régime provisoire, devenu par la suite définitif par prescription, si l'on peut s'exprimer ainsi, les textes qui l'organisent étant restés les mêmes. Voici donc notre tâche historique terminée, non pas tout à fait cependant, car à côté de ces sept grands réseaux, il reste encore un nombre relativement considérable de kilomètres de chemins de fer non classés et dont le régime va faire l'objet de ce paragraphe.

Comme le point le plus important de l'étude que nous avons entreprise, est d'établir d'une manière aussi impartiale que possible, les avantages et les inconvénients des traités passés avec les grandes compagnies pour en tirer une conclusion favorable ou défavorable à la nationalisation des voies ferrées, nous allons exposer immédiatement les rapports financiers existant entre l'Etat et les compagnies secondaires métropolitaines. Un examen approfondi de ces rapports devant nous entraîner hors de notre sujet, nous nous bornerons à résumer les avantages et les inconvénients du régime auquel est actuellement soumis ce réseau secondaire.

Le plan de grands travaux publics d'où sont sorties les conventions de 1883, classait parmi les lignes d'intérêt général, dont l'exécution était reconnue nécessaire, un certain nombre de kilomètres, 3000 environ, qui n'entrèrent ni dans le réseau des compagnies, tel qu'il fut constitué par les conventions de 1883 et suivantes, ni dans le réseau que l'Etat se chargeait d'exploiter. Il fallait donc assurer d'uue manière ou d'une autre la construction et l'exploitation de ces lignes.

Le régime des compagnies fermières fut appliqué à l'exploitation de deux lignes, l'une dans l'Isère, peu importante, l'autre en Corse plus considérable, comprenant 296 kilomètres construits par l'Etat. Plusieurs compagnies, celle des chemins de fer du Sud de la France, des chemins

de fer économiques, des chemins de fer départe-
mentaux, obtinrent de l'Etat des garanties d'intérêt s'appliquant à un millier de kilomètres
dont elles assurent l'exploitation. Il ne reste donc
plus que 1500 kilomètres environ ne faisant pas
partie de ces différents réseaux, et encore, quelques-uns, déclassés, ont-ils été concédés à des
compagnies d'intérêt local, le peu d'intérêt
qu'offrait leur construction au point de vue national, suffisant à justifier cette mesure. La
loi du 11 juin 1880 en permettant d'accorder
des garanties d'intérêt à des compagnies de chemins de fer d'intérêt local, a facilité leur création. Il s'est formé en France, plusieurs compagnies de ce genre qui n'auront pas, il faut
l'espérer, le sort des premières compagnies secondaires d'intérêt local dont nous avons parlé
dans notre historique. De celles-ci, il ne reste
pas grand chose car elles ont en grande partie
été absorbées par les grands réseaux. Les compagnies de l'Orléans, du Midi et de l'Est exploitent quelques kilomètres de lignes appartenant à
des compagnies diverses.

L'on voit enfin inscrit au budget de cette année 550.000 francs pour insuffisance éventuelle
des produits de l'exploitation des chemins de
fer non concédés, construits par l'État, des chemins de fer concédés placés sous le séquestre ad-

ministratif et des lignes revenues à l'État par suite de déchéance définitive.

Les nouvelles compagnies auxquelles la loi du 11 juin 1880 a permis d'assurer une constitution plus viable, se sont vu concéder plus de 5.000 kilomètres de voies ferrées.

Les garanties d'intérêt, accordées actuellement à ces compagnies secondaires, diffèrent profondément de celles que reçoivent les grandes compagnies et de celles qui étaient primitivement accordées à ces entreprises. La loi de 1865 en autorisant l'Etat à donner des subventions en capital aux compagnies dont il s'agit, avait favorisé la création de sociétés qui, pendant la période de construction, étaient très florissantes et tombaient en déconfiture ensuite, les secours financiers de l'Etat cessant. La nouvelle loi de 1880 autorise l'Etat à concourir à l'établissement des chemins de fer d'intérêt local et des tramways transportant des voyageurs et des marchandises par l'allocation de garanties d'intérêt représentant des subventions égales à celles fournies par les départements ou les communes. Le caractère de ces garanties a été modifié dans la suite au moins pour les compagnies métropolitaines, après que l'on eut reconnu les inconvénients qu'entraînait la forme dans laquelle elles avaient été établies.

L'on ne pouvait songer à procéder comme
pour les grandes compagnies, auxquelles on garantit seulement le capital réellement dépensé,
d'après le calcul des charges réelles des emprunts et en tenant compte de l'écart entre les
recettes et les dépenses de l'exploitation. Avec
les perspectives d'avenir qu'elles ont, l'intérêt
de ces sociétés est évidemment de cesser le plus
rapidement possible de faire appel à la garantie
pour retrouver la liberté de leur dividende et
accroître leurs profits. Mais sur des lignes considérées comme peu productives, l'exploitant,
renonçant à l'espoir de jamais cesser de recourir à la garantie, n'aura aucun intérêt à proportionner sagement ses dépenses à ses recettes et
l'on verra les déficits s'accentuer indéfiniment ;
trouver un concessionnaire serait peut-être même
impossible. Pour parer à ces inconvénients, on
fut amené à chercher un moyen de limiter les
pertes, résultant pour l'Etat de l'exploitation de
ces lignes. Le moyen le plus simple, était de
fixer à forfait les éléments qui serviraient au
calcul de la garantie ; c'est ce que l'on fit. D'un
autre côté ce système avait l'avantage de pousser les concessionnaires à l'économie, la différence entre le forfait et la dépense réelle leur
étant acquise. Les trois éléments de la garantie
qui firent l'objet de forfaits, furent le taux de

l'intérêt des emprunts, les dépenses de construction et les dépenses d'exploitation.

Les avantages que nous venons de signaler,
évaluation aisée des charges de l'Etat et bénéfices possibles pour les concessionnaires, sont
compensés et au-delà par de graves inconvénients. Le premier réside justement dans cette
possibilité pour la compagnie de réaliser des
économies et partant des bénéfices sur les forfaits. Nombre de concessions peuvent être demandées par des sociétés dans le seul but
de faire des économies considérables sur les
forfaits de construction et d'émission, concessions dans lesquelles l'utilité des lignes et les
perspectives d'avenir du trafic ne seront que des
facteurs très secondaires. En second lieu, les
compagnies s'occuperont beaucoup plus de faire
des économies sur le forfait d'exploitation que
de chercher une amélioration de cette exploitation par une bonne administration, consistant
en un service bien organisé et des tarifs intelli-
gemment combinés.

Pour remédier à ces défauts que l'expérience
ne tarda pas à faire apparaître, l'on n'a retenu
des trois espèces de forfaits que nous avons énu-
mérés que le premier : le taux forfaitaire des
emprunts. Ce taux d'intérêt garanti est fixé actuellement à 4 p. 100 plus un amortissement

calculé suivant la durée de la concession. Les dépenses de construction et d'exploitation garanties, sont les dépenses réelles qui ne doivent pas excéder certains maxima fixés dans les conventions. Cette règle qui semble nous ramener au système étudié précédemment, système dans lequel nous constations l'intérêt nul ou à peu près que l'on eût eu à être concessionnaire, était tempérée et modifiée, dans une certaine mesure, par une autre disposition des conventions : le concessionnaire qui aura réalisé des économies sur les maxima fixés pour la construction et l'exploitation des lignes, se verra attribuer, à titre de prime, la moitié de ces économies.

Si l'on pouvait fixer d'une manière raisonnable et exacte ces maxima, ce système nous semblerait parfait, conciliant l'intérêt du Trésor et celui du concessionnaire. Malheureusement il n'en est pas ainsi, et, pour les frais d'exploitation, il est difficile de trouver une formule exacte répondant à tous les besoins. M. Colson donne une solution qui, selon lui, résoudrait cette question délicate (1). Une compétence spéciale étant nécessaire pour en apprécier la valeur, nous la donnons pour mémoire, sans la discuter. Pour M. Colson, il faudrait introduire dans la formule

____

1. Colson. *Transports et tarifs.*

en usage à côté du terme proportionnel à la recette R, un terme proportionnel au nombre
moyen de trains ayant circulé dans l'année sur
chaque kilomètre de voie, soit T ; on a ainsi la
formule :

$$D = a + b\,R + c\,T \quad (1)$$

De la sorte, les sommes que touchera le concessionnaire étant proportionnelles au nombre
de trains, certains transports comme celui des
matières poudreuses, cesseront de lui être onéreux, même s'ils nécessitent un dédoublement
des trains. Cette solution semble raisonnable
et le terme nouveau introduit dans la formule
paraît réunir les qualités d'exactitude nécessaires pour proportionnner les sacrifices du Trésor
aux services rendus par la compagnie.

Ce système de garanties avec maxima et primes d'économies, et aujourd'hui appliqué non
seulement aux chemins de fer d'intérêt général
concédés à des compagnies secondaires, mais
aussi aux chemins de fer d'intérêt local.

Ce que nous venons de dire des réseaux secondaires de la France métropolitaine devait
être dit ; mais étant donné que les charges retombant de ce chef sur le Trésor, sont relati-

---

1. La formule signifie que la dépense est égale à un
somme constante a plus une fraction de la recette R plus
une somme proportionnelle au nombre de trains.

vement minimes, comparées à celles qu'il a eues, ou a encore à supporter du fait des grandes compagnies, et que les recettes de ces dernières représentent 97 0/0 environ de la recette totale, nous croyons inutile d'y insister. Pour discuter en effet toutes les questions que soulèvent ces chemins de fer, il faudrait une étude spéciale ne rentrant pas dans le cadre de celle-ci qui, a pour objet un côté spécial de la question ; c'est-à-dire l'existence parallèle du réseau d'État et des réseaux des grandes Compagnies, l'intérêt qu'offrirait la transformation de ces derniers en entreprise publique, enfin, la justification ou la critique d'une semblable mesure.

CHAPITRE III

Discussion des conventions de 1883.

1. — *Considérations générales sur les garanties d'intérêt.*

Nous avons vu en parcourant l'histoire des chemins de fer français, que la garantie, forme actuelle du concours financier de l'Etat à la construction et à l'exploitation des voies ferrées, a une origine déjà ancienne. C'est en 1840 que l'on en vit la première application, et depuis lors, on n'a cessé de s'en servir comme du moyen le plus commode et le moins dispendieux pour le Trésor d'assurer l'existence de notre réseau.

Le principe même de ce système, a été l'objet d'attaques assez fréquentes pour qu'il ne soit pas inutile de rappeler quelle en est l'utilité et par suite la légitimité.

Lorsqu'il s'agit d'entreprendre la construction d'un réseau de voies ferrées il faut recueillir une quantité considérable de capitaux car les dépenses seront énormes et pour celà s'adresser non seulement aux gros capitalistes, mais aussi à la moyenne et même à la petite épargne. Or en France, ces deux dernières catégories de capitalistes, très importantes, sont également très prudentes et nombre d'entreprises lancées avec succès, dans des pays comme l'Angleterre ou l'Amérique, avorteraient en France où le détenteur d'un capital recherche, à quelques rares exceptions près, ce que l'on est convenu d'appeler le placement du père de famille. Il faut donc, d'une manière, ou d'une autre, attirer cette foule de petits capitaux qui font, de l'aveu unanime, la richesse de notre pays. Au premier abord, le moyen le plus simple semble être de leur offrir un placement dans une affaire avantageuse. Cependant il n'en est rien, et le côté paradoxal de cette assertion disparaît après un instant de réflexion. En effet, pour que cela suffit à faire affluer les capitaux, il faudrait que leurs possesseurs connussent les avantages de l'entreprise et celà est impossible quand leur nombre se chiffre par milliers. Quand il s'agit de sommes telles qu'en nécessitent la majorité des entreprises, il est facile

de les trouver en s'adressant à quelques gros
capitalistes ou à des hommes d'affaires qui les
trouvent dans leur clientèle ; les souscripteurs,
étant donné leur qualité et leur petit nombre,
peuvent se rendre un compte relativement
exact, et des risques qu'ils courrent et des
chances de gain qui les attendent. Mais si, au
lieu de cela, il faut obtenir des souscriptions
pour plusieurs milliards et par conséquent avoir
affaire à des milliers de souscripteurs il faut autre chose que des perspectives de réussite dont
la grande majorité ne pourront apprécier la pro-
babilité, il faut la confiance et par là nous voulons dire non pas la confiance dans le succès,
mais la confiance obtenue en donnant des sûretés aux créanciers. Les sûretés sont peut-être
encore plus nécessaires pour les souscripteurs
d'obligations que pour les actionnaires qui
mieux renseignés généralement sur l'avenir de
l'affaire risquent peu, comparativement aux
gains possibles.

Les obligataires, plus prudents, tiennent surtout à acquérir un titre de créance sur la société
qui se fonde, titre qui constitue un bon placement des fonds qu'ils ont disponibles, sans
leur permettre de réaliser de gros bénéfices.
Mais la possession de ce titre, si elle ne permet pas à l'obligataire de participer aux gains

de la société, lui fait courir malgré tout des
risques, car sa valeur est subordonnée à la
solvabilité de son débiteur : la société. La
qualité d'obligataire d'une société quelconque n'est donc pas enviable et l'on conçoit que
les emprunts ne soient souscrits que lorsqu'il y
a pour le souscripteur des sûretés assez grandes.

Comme nous le disions plus haut, les perspectives d'un avenir lucratif n'auront donc pas
une influence assez considérable pour attirer de
gros capitaux lors de l'émission d'un emprunt.
Le seul avantage que l'on trouvera, à ce point
de vue spécial, en offrant au public une bonne
affaire, ne se manifestera que plus tard, lorsque
la société fonctionnant depuis quelque temps
voudra se procurer de nouveaux capitaux ; il est
évident que ceux-ci lui viendront plus facilement si l'entreprise offre toutes les qualités de
solvabilité et de durée que peut désirer un capitaliste raisonnable.

L'on pourrait encore, et c'est un autre moyen
d'attirer le public aux guichets d'une société,
promettre aux souscripteurs des primes et de
gros intérêts ; mais promettre n'est rien, et nul
doute que ce système n'eut réussi, si tenir n'é-
tait plus difficile.

Les charges que les compagnies de chemins

de fer eussent assumées de la sorte, seraient bientôt devenues écrasantes et elles n'eussent pas tardé à se trouver dans l'impossibilité et de tenir ce qu'elles avaient promis, et de promettre ce qu'elles n'eussent pu tenir.

Il ne restait donc d'autre moyen que de faire de l'obligation de chemin de fer un placement aussi sûr que possible, il fallait en faire en quelque sorte un titre d'État.

Tout le monde sait que de tous les placements c'est ce dernier que chez nous l'on considère, à tort peut-être, comme le placement par excellence, le placement du père de famille. Cette opinion, encouragée par notre législation actuelle, ne manque pas de fondements, en ce sens qu'il n'y a qu'un risque couru par le titre de rente : la banqueroute de l'Etat. Cette extrémité que l'on considère encore comme invraisemblablé a trop d'exemples dans l'histoire et offre un moyen trop simple d'amoindrissement de notre dette publique pour que l'on puisse affirmer, avec une certitude absolue, qu'elle ne se produira pas tôt ou tard. Il semble en effet impossible que notre dette augmente indéfiniment ; et, d'autre part, nos gouvernements ne pouvant se décider à pratiquer un amortissement appréciable, on n'entrevoit guère de solution possible à cet état de choses, malgré les effets désastreux qu'une semblable mesure aurait sur le crédit public. Le seul point lumineux, de cet horizon très sombre, c'est, comme nous le verrons, l'arrivée du terme des concessions de chemins de fer.

Quoiqu'il en soit de l'avenir réservé à notre dette, l'opinion publique considérait le titre de rente avec assez de faveur, pour que la garantie accordée aux entreprises de chemins de fer, produisît les plus heureux effets. Mais, dira-t-on, pourquoi accorder une telle garantie à ces entreprises? C'est que dans notre organisation politique et administrative, l'Etat a le devoir d'assumer toutes les charges résultant des travaux publics, et que les chemins de fer ont toujours été considérés comme des entreprises intéressant au plus haut degré la prospérité nationale.

Ce que nous disons d'ailleurs des chemins de fer peut s'appliquer aussi aux garanties d'intérêt accordées à toute sorte de travaux publics tels que les ports, les canaux ou tous autres susceptibles d'exécution par l'industrie privée. Si donc, l'État ne devait pas trouver de sociétés qui se chargent de ces travaux, il devrait les exécuter lui-même. Que ce mode d'exécution soit plus dispendieux c'est ce que nous discuterons plus tard, mais pour le moment nous

pouvons avancer avec certitude que l'Etat sert
aussi bien ses intérêts que ceux des compagnies
en leur accordant sa garantie. En effet cette garantie n'est accordée que moyennant certaines
compensations ; ainsi l'Etat demandera des constructions de lignes stratégiques, des facilités
pour le transport des militaires, pour le service
des postes, etc. De plus, l'Etat reste toujours
l'associé de la compagnie concessionnaire et si
les charges de la concession sont supérieures
aux recettes, rien ne semble plus légitime que
la subvention qu'il paiera. Car, en définitive, il
eut toujours supporté cette différence, le service
pour lequel elle est payée étant en quelque sorte
un service public.

Cette qualité d'associé doit pousser l'État à
accorder d'autant plus volontiers des garanties
à l'entreprise, qu'il est intéressé lui-même à ce
qu'elle procure des bénéfices. Or pour que ce
résultat soit atteint, il faut que les travaux soient
exécutés aussi économiquement que possible et
pour cela, que la compagnie trouve des capitaux
à un aussi bon marché que possible. Les capitalistes accepteront un intérêt d'autant moins
fort que les risques qu'ils courrent sont moins
grands.

Nous en avons dit plus peut-être qu'il n'était
nécessaire pour justifier les garanties d'intérêts

accordées à des compagnies qui se fondent et vont entreprendre la construction et l'exploitation d'un réseau. Il nous reste à parler du cas qui se présente le plus souvent, surtout de la situation où l'on se trouvait en 1883 : une région étant desservie par un réseau déjà constitué, il faut y construire de nouvelles voies ferrées.

Il est utile de permettre à la compagnie concessionnaire de ce réseau d'obtenir la concession des nouvelles lignes et cela à un double point de vue. D'abord il serait injuste et onéreux, pour l'État, si cette compagnie a une garantie d'intérêt, de venir, par une série de lignes concurrentes, lui enlever une partie de ses recettes et partant, augmenter ses appels à la garantie. Ensuite, et ce fait a été maintes fois constaté, la région desservie le sera infiniment mieux, et le trafic atteindra son maximum d'intensité si l'exploitation du réseau reçoit une direction unique. Mais si la compagnie préexistante réalise déjà des bénéfices, elle ne voudra pas, sans compensation du moins, compromettre la situation acquise par elle, si les lignes nouvelles ne semblent pas devoir être très productives. C'est de la sorte que l'on a été amené à garantir à la compagnie dans la personne de ses actionnaires un certain revenu.

Cette clause du contrat passé avec la compagnie, ne peut soulever, dans son principe, aucune objection de la part d'un observateur impartial. C'est alors la garantie de l'Etat accordée aux actionnaires d'une compagnie, mais l'on peut voir, par la comparaison avec ce que nous avons dit plus haut pour justifier les garanties au capital obligations, que la différence réside dans ce fait que pour ces dernières on n'avait à envisager aucun intérêt engagé, au lieu que quand on traite avec une compagnie déjà existante pour la construction de lignes nouvelles, il est de toute justice que l'on ménage les situations acquises.

Ce n'est en somme qu'une des formes de cette idée insérée dans nombre de documents législatifs ou autres légiférant ou réglementant pour l'avenir et qui tous respectent les droits acquis au moment de leur promulgation. Nous ne voulons pas dire qu'une garantie accordée au capital actions d'une société nouvellement créée serait insjustifiable. L'on pourrait reprendre notre raisonnement et *mutatis mutandis* l'appliquer à l'espèce. La garantie peut alors faciliter le placement des actions et la réalisation du capital social dont l'importance serait trop grande pour qu'il fût versé par un petit nombre d'actionnaires hardis, le public hésitant, même avec les perspectives de bénéfices qu'offrent les actions, à prendre une masse considérable de titres sans garantie.

Sans vouloir préjuger la question de l'exploitation par l'État ou par des compagnies, voilà, ce nous semble, bien établie la légitimité de la garantie d'intérêts accordée à ces dernières. Mais rien n'est difficile, dans bien des cas, comme de trouver une bonne combinaison financière ayant pour point de départ, la garantie de l'Etat. Nous avons signalé, en parlant des compagnies secondaires, le danger des garanties complètes, qui suppriment toute espèce de stimulant à la bonne exploitation d'un réseau; nous n'y reviendrons pas, ayant fait remarquer que les garanties accordées aux grandes compagnies ne rentraient pas dans cette catégorie et ces dernières devant seules nous occuper jusqu'à la fin de notre étude. Nous parlerons cependant de certaines critiques adressées à ce régime et nous verrons ce qu'elles ont de justifié.

On a craint, lorsque pour la première fois on appliqua le système de la garantie d'intérêt, que ce concours de l'Etat n'amenât des conflits incessants entre celui-ci et les compagnies. Il est évident que cette crainte était assez légitime, mais il semble que ces conflits n'ont pas

pris ce caractère aigu que l'on prévoyait : Ce
que disait, à ce sujet, M. Duchâtel alors ministre de l'intérieur, est encore exact, et il est
regrettable que l'industrie privée ne puisse se
suffire, mais on ne peut changer celà et le contrôle de l'Etat est indispensable sur une entreprise garantie par lui. Nous ne croyons pas que ce
contrôle ait des inconvénients bien considérables;
nous lui verrions bien plutôt des côtés avanta-
geux et pour le contrôlé, dont il limite la responsabilité, et pour le contrôlant qui peut exercer constamment son autorité. Les avantages ne
sont certainement pas contrebalancés par les
quelques mauvais résultats qu'a eus parfois
l'exercice de cette autorité.

L'on a dit également à cette même époque,
que les emprunts des compagnies viendraient
faire concurrence aux émissions de l'Etat, étant
donné le caractère de fonds publics que leur
donnait la garantie. Cette assertion n'est pas
fondée, et, sans nous retrancher derrière des
idées générales comme la différence des caractères de ces emprunts, ceux émis pour les
travaux publics étant le crédit des temps de
paix et les emprunts d'Etat étant le crédit des
temps de guerre, il suffit de constater que les
émissions des compagnies n'ont influé en rien
sur la hausse ou la baisse des fonds publics.

Nous croyons plutôt que les émissions des titres des compagnies ont facilité la hausse des rentes françaises, en supprimant les emprunts que l'Etat eût été obligé de faire pour solder les dépenses des grands travaux publics qui, sans les conventions de 1883, seraient restés à sa charge. De la sorte on a pu convertir les emprunts onéreux et assurer aux budgets un certain équilibre et l'unité désirable. La comparaison des cours moyens des rentes et des actions de chemins de fer, montrera la marche ascendante et parallèle qu'ont suivie ces titres pendant une décade.

Cours moyens de la rente 3 0/0 et des actions de chemins de fer de 1883 à 1893.

Années	Rente 3 0/0	Nord	Est	Ouest	Orléans	P.L.M.	Midi
1883	78 fr. 40	1.818	727	778	1.261	1.441	1.134
1888	82 fr. 75	1.568	789	902	1.328	1.271	1.164
1893	98 fr. 25	1.882	954	1.103	1.601	1.521	1.334

2. — *Examen critique de quelques clauses des conventions.*

Nous avons vu, dans notre deuxième chapitre, quelle était la teneur de ces fameuses conventions de 1883 qui ont gardé, après toutes les attaques dont elles ont été l'objet, le surnom de « conventions scélérates ». Nous avons même discuté en les exposant, quelques-unes des clauses financières qu'elles contiennent ; il nous reste à voir maintenant les autres objections qu'elles soulèvent et les difficultés auxquelles ont donné lieu l'obscurité regrettable de certaines de leurs dispositions.

Nous ne reviendrons pas sur la question des dépenses complémentaires, question reprise par tous les adversaires de ces traités. L'autorisation accordée aux compagnies d'inscrire au compte de premier établissement le montant de ces dépenses à quelque époque qu'elles fussent faites, ne peut dégénérer en abus, étant donnée l'obligation pour elles de rester dans les limites de maxima fixés annuellement par la loi de finances et d'obtenir l'approbation du ministre des travaux publics. D'un autre côté, la nécessité absolue où l'on se trouve, tant au point de vue de la sécurité des voyageurs que de l'amélioration du service, de laisser une grande facilité aux compagnies dans l'accomplissement de ces travaux, ne peut être mise en doute. Des discussions parlementaires toutes récentes ont même abouti à exiger certaines dépenses de ce genre, qu'un louable désir d'économie avait, à tort peut-être, différées jusque-là.

Nous ne nous arrêterons pas, non plus, aux critiques adressées aux clauses relatives à la part contributive des compagnies dans la dépense d'établissement des lignes de leur réseau. L'impossibilité où elles se trouvent désormais de réaliser des bénéfices sur la construction n'est pas compensée, selon nous, par la modicité de leur apport. En effet, la compagnie prend à sa charge l'exploitation de lignes que l'Etat s'était engagé, vis-à-vis des populations, à construire, cette prise en charge n'a lieu, il est vrai, que moyennant certains avantages, mais nous ne croyons pas, étant donné le caractère de ces lignes généralement peu productives, que les 50,000 francs environ que la compagnie va débourser pour chacun des kilomètres construits, soit une somme trop minime, vu le prix moyen du kilomètre. Mais pour juger sainement les choses, il ne faut évidemment pas oublier le point de départ des traités de 1883, ce que l'on fait trop souvent, ni négliger de faire entrer en ligne de compte les insuffisances d'exploitation qui vont retomber sur les compagnies.

La garantie d'intérêts, pour celles des compagnies qui y ont recours, n'aura pas pour effet, le compte d'exploitation étant unique, de faire supporter par contre-coup la totalité de ces insuffisances par l'État ; il en serait différemment

si la distinction établie par les conventions de
1859 entre l'ancien et le nouveau réseau sub-
sistait encore. Il est certain, et c'est l'évidence
même, que, si l'État n'avait pas traité avec les
compagnies, ces insuffisances, pour ne parler
que de ce point spécial, seraient retombées à sa
charge, non pas seulement dans leur intégralité
mais aussi définitivement, au lieu que le jeu des
conventions de 1883 fait supporter par les compagnies une bonne partie de ces insuffisances
et les avances de garantie ne sont, par définition, que des avances remboursables. Le bénéfice que l'État retire du fonctionnement de ce
nouveau système de garantie nous semble donc
indiscutable.

Il est une clause des conventions de 1883
qui a fait l'objet de nombreuses critiques, c'est
celle qui aboutit au remboursement des dettes
contractées par les compagnies envers l'État
en travaux exécutés pour le compte de ce dernier. L'on fut amené à prendre cette mesure
au moment de traiter avec les compagnies car
c'était la solution la plus simple qui se présen-
tât à l'esprit des contractants. En 1883 certaines compagnies, en application des conventions antérieures, avaient reçu de l'Etat des
avances remboursables au titre de la garantie
d'intérêt ; ces avances n'étaient pas encore

remboursées, et se montaient, capital et intérêts, à une certaine somme. L'Etat, d'un autre
côté, allait avoir à verser à ces compagnies,
qui se chargeaient de l'exécution des travaux,
sa part contributive dans la construction des
lignes nouvelles, il était donc naturel que l'on
confondit cette créance et cette dette de l'état
jusqu'à due concurrence du montant de la première. Aussi fût-il entendu que les compagnies
rembourseraient l'Etat en exécutant à leur compte les travaux dont il aurait dû autrement solder
la dépense. Jusque-là rien que de très légitime,
mais c'est ici que commence la difficulté et que
les conventions donnent prise aux critiques.
La créance de l'état étant fixée à 150.000.000,
par exemple, la compagnie s'engage à exécuter
certains travaux, expressément dénommés dans
un article de la convention et dont les dépenses
s'élèveront, d'après le devis, à une somme égale.
Comme on le voit, c'est un forfait et, si la Compagnie réalise des économies sur ces travaux,
sa dette n'en sera pas moins légalement éteinte ;
seul l'Etat n'y trouvera pas son compte.

Ce que l'on peut dire pour justifier cette disposition, c'est qu'il appartient à l'Etat, de faire
contrôler ces devis par ses agents et que d'ailleurs un article de ces mêmes conventions lui
permet de faire exécuter lui-même ces travaux

si les devis sont trouvés trop élevés. Mais en pratique il ne se résoudra guère à employer ce dernier moyen et les compagnies majoreront tant soit peu leurs prévisions dans la crainte de les voir dépassées et de supporter la différence. Ce sont-là les deux côtés de la question, mais nous ne croyons pas qu'une solution satisfaisante soit impossible si l'on admet la bonne foi des deux parties contractantes. En effet le contrôle a pu être assez sévère et les approximations assez précises pour limiter la différence inévitable à une somme négligeable, de quelque côté que soit l'avantage. Ceci soit dit en théorie, car pour la pratique une longue expérience serait nécessaire pour apprécier la possibilité de cette solution. Bien entendu, nous ne discutons ici que ce qui se trouve dans le texte des conventions, car sans cela le remède à ce mal si tant est que mal il y ait, serait dans le remboursement de la créance de l'État en tenant compte des dépenses réelles et non plus d'un chiffre fixé à forfait.

Avant de quitter les clauses des conventions de 1883 relatives à la construction et à l'exploitation, il faut dire quelques mots d'une disposition d'après laquelle il existe actuellement, dans le même ordre d'idées, une série de travaux dont le prix est fixé à forfait. Il a été con-

venu que les compagnies, exécuteraient les travaux pour le compte de l'Etat, apportant leur
part contributive qui s'élève à une cinquantaine
de mille francs. La partie des travaux dont la
charge incombe à l'État est donc aléatoire car
une fois les 50,000 francs épuisés, c'est lui qui
doit fournir le reste de la somme nécessaire
pour achever le kilomètre de ligne à construire.
Comme nous le disons plus haut, la compagnie
ne peut donc faire aucune économie qui lui
soit profitable sur la construction, toute diminution des dépenses d'établissement venant restreindre d'autant la part contributive de l'État.
Mais il eût été dangereux de permettre à la compagnie d'accroître indéfiniment la charge de l'é-
tat en construisant trop luxueusement, aussi
exigea-t-on l'inscription d'une clause restrictive.
La compagnie devra accepter un maximum fixé
par le ministre, maximum au delà duquel toute
dépense faite sera soldée par elle. Les compagnies, comme le dit M. Raynal dans son discours
prononcé à la tribune de la Chambre lors de la
discussion des conventions, n'acceptèrent que
difficilement cette condition. Elles répondaient
avec assez de raison : « Puisque nous n'avons
« aucun bénéfice dans la construction, nous ne
« pouvons accepter l'éventualité d'une perte ».
Quoiqu'il en soit de la validité de cette objec-

tion, elles finirent par accepter les maxima, et c'est un sérieux avantage pour l'État, de savoir, avant l'achèvement des travaux, à quoi il s'engage et les dépenses auxquelles il aura à faire face.

Les différentes critiques que nous venons d'analyser, sont loin d'être les seules que l'on ait adressées aux conventions nouvelles, et les règles du rachat, telles qu'elles sont édictées actuellement par les dispositions combinées du cahier des charges et des conventions, furent dès le début, et sont encore vivement attaquées. Un examen impartial permettrait facilement un accord entre les partisans des conventions et leurs adversaires, mais, il faut bien le reconnaître, chez ces derniers le parti pris domine et alors les meilleures raisons ne valent rien.

On l'a vu, le rachat par l'Etat des réseaux des compagnies est soumis aux trois conditions suivantes :

1° Rachat du réseau par une annuité égale au revenu moyen.

2° Rachat des lignes ayant moins de quinze ans, en capital si les compagnies le demandent.

3° Rachat du matériel par une somme une fois donnée.

M. Camille Pelletan, un des plus ardents adversaires des conventions, critique la première de ces conditions. Il se peut qu'une compagnie, fasse appel à la garantie d'intérêt au moment du rachat, et l'on devra porter à l'actif de la compagnie, dans le calcul de l'annuité égale au revenu moyen, les sommes que l'État lui aura payées à titre de garantie d'intérêt ; c'est, selon lui, une inconséquence ; l'État payerait une annuité correspondant à un revenu moyen qu'il aurait lui-même, par ses avances, contribué à rendre plus élevé.

Cette objection aurait de la valeur si l'on ne se rappelait la cause initiale des conventions. En effet cette compagnie avait, avant qu'il ne fut question de contrat, un certain revenu, l'état vient alors lui demander de prendre à sa charge des dépenses auxquelles il ne peut suffire, la compagnie y consent, à condition toutefois, que sa situation ne sera pas modifiée et que l'étatlui garantira le même revenu. Le contrat passé, le revenu réellement obtenu par la compagnie reste inférieur au revenu précédemment acquis, l'Etat par une avance, comble la différence ; s'il veut racheter à ce moment, il est légitime que l'on fasse entrer en ligne de compte le revenu tel qu'il a été complété par l'avance de l'Etat car, si la compagnie n'avait pas assumé les nouvelles charges, dont elle a délivré l'Etat, elle eût conservé son revenu primitif et l'on eut dù prendre en considération ce revenu, dans le calcul de l'annuité de rachat.

Si le rachat avait lieu, à l'époque où une compagnie partagerait ses bénéfices avec l'Etat, l'on devrait, c'est l'évidence même, déduire de l'annuité, la part qui revient à l'Etat dans les bénéfices. Bien que cette solution semble naturelle, il eut peut-être mieux valu ajouter un article à la loi ; les conventions y eussent gagné en clarté et l'on eût prévenu tout litige.

Ce n'est pas du reste la seule clause obscure des conventions, et la durée de la garantie d'intérêt donna lieu à de grandes difficultés. Il semble extraordinaire qu'une question aussi importante ne soit pas traitée d'une façon claire et précise dans les contrats. Il en est pourtant ainsi, et le litige qui naquit à cette occasion fut porté devant le Conseil d'État.

Dans les conventions passées avec les compagnies de l'Est et de l'Ouest, la durée de la période de garantie fut prorogée d'une vingtaine d'années et doit prendre fin pour l'Est le 31 décembre 1834 et pour l'Ouest le 31 décembre 1835. Pour les compagnies du Nord et du P.-L.-M., la date d'expiration de la période de garantie se trouve implicitement maintenue à l'année 1914, par les dispositions des conventions nouvelles. Jusqu'en 1894 les compagnies d'Orléans et du Midi avaient cru que les articles 13 et 14 de leurs contrats respectifs, reportaient la date d'expira-

tion de la garantie jusqu'à la fin de leurs concessions, c'est-à-dire jusqu'en 1860 et 1856·
Mais la publication, dans un document statistique
du ministère des travaux publics, d'une date différente inquiéta les actionnaires de ces compagnies ; prévenu d'une interpellation sur ce sujet,
le gouvernement fit savoir officieusement qu'il
considérait la date publiée par lui, 1914, comme
étant celle à partir de laquelle il ne pourrait plus
être fait appel à la garantie par l'Orléans et le
Midi. La cause, portée devant le Conseil d'État,
fut jugée dans un arrêt du 12 janvier 1895, qui
donne raison aux compagnies et reporte, par
conséquent, au 31 décembre 1860 et au 31 décembre 1856 la fin de la durée de la garantie.
La décision prise est équitable, mais il est regrettable qu'un litige ait pu naître sur une question aussi importante. Ce n'est d'ailleurs pas le
seul, et avant la fin des concessions, l'obscurité
de certains articles des contrats en fera surgir
d'autres.

La loi du 23 mars 1874 énonçait un principe
relatif à la manière dont seraient estimées, en
cas de rachat, les lignes nouvellement construites ; c'est ce que l'on a appelé la loi Montgolfier.
D'après cette loi, l'indemnité due aux compagnies pour ces lignes, pouvait être calculée, si
la concession remontait à moins de quinze ans

d'après le capital d'établissement et non d'après leur revenu. Les conventions de 1883 ont donné pour point de départ à ce délai de quinze années, non plus la date de la concession, mais l'époque de leur mise en exploitation. Vivement critiquée, cette règle semble juste et nous ne reviendrons pas sur la justification que nous en avons donnée en exposant ces conventions.

Telles sont les principales critiques de détail adressées aux clauses diverses des conventions de 1883. Ce ne sont pas les seules, et l'obscurité de certaines dispositions de ces lois pourrait être la cause de nombreuses controverses. Celà tient surtout à la hâte avec laquelle on a passé ces contrats. La Chambre repoussait à dessein toutes les conventions qui étaient présentées à son approbation, pour rendre le rachat des compagnies nécessaire, il ne fallut pas moins que les difficultés avec lesquelles on se trouva aux prises, lorsque, de nombreux chantiers se trouvant ouverts et disséminés sur toute la surface de la France, il fallut faire face à toutes ces dépenses, pour modifier ces dispositions. On avait alors le plus grand mal à assurer au budget extraordinaire un équilibre instable et à se procurer les ressources nécessaires pour continuer les travaux ; beaucoup de gens commençaient à concevoir des inquiétudes sur le sort d'un bud-

get lié à une exploitation de chemins de fer. Le
parti qui voulait le rachat, perdait du terrain et
lorsque l'on se décida à traiter avec les compagnies ce fut avec une hâte, justifiée par les nécessités du moment, mais incompatible avec les longues études préparatoires qu'exigent d es traités
aussi complexes. Rien d'étonnant alors, que les
solutions adoptées, à côté de quelques lacunes
soient contenues dans des articles obscurs. La
négligence apportée souvent à leur rédaction, ne
peut guère s'expliquer que par l'optimisme que
manifestaient, à cette époque, pour la situation
financière des compagnies, toutes les personnes
qui s'occupaient de la question des chemins de
fer. On supputait déjà la part qui reviendrait à
l'Etat dans les bénéfices de l'exploitation, passant de 27 millions en 1890 à 41 millions en
1895, d'après des calculs tout à fait raisonnés,
semblait-il. Nous verrons combien il fallut en
rabattre, et si l'appel à la garantie s'est limité,
comme le disait le ministre des travaux publics
d'alors, aux deux années qui ont suivi la rati-
fication des conventions. Cet optimisme était
d'ailleurs justifié par une augmentation progres-
sive des recettes et rien ne pouvait faire encore
prévoir la longue crise qui en 1884 frappant notre
industrie et notre commerce, devait avoir un
retentissement si considérable et de si longue

durée sur nos industries de transports. Cette crise a d'ailleurs été aggravée pour certaines de nos
compagnies de chemins de fer, comme la compagnie du Midi, par des circonstances toute
locales, nous voulons dire la ruine de nos vignobles par l'apparition du phylloxéra. Cette dernière compagnie se relève seulement de la secousse qu'elle a éprouvée, et la reconstitution
de ces vignobles dévastés, a redonné à son
trafic toute son importance primitive.

Malgré ces événements malheureux, qui ont
eu de si déplorables effets sur la situation financière de vos chemins de fer, voyons si les
résultats financiers d e conventions de 1883, justifient le fâcheux renom qu'elles ont dans certains milieux.

3. — *Résultats financiers des conventions de 1883.*

En substituant les emprunts indirects, effectués par l'intermédiaire des compagnies, aux
émissions publiques de fonds d'Etat, les conventions de 1883, ont dégagé le Trésor des
effroyables dépenses qu'eut entraîné l'exécution du plan Freycinet. Pour se rendre compte
de l'importance du service rendu, il suffit de

savoir que depuis 1883 les six grandes compagnies ont placé 7 millions d'obligations pour
un capital de plus de 3 milliards en chiffres
ronds. Pendant la même période elles ont
amorti, sur leurs emprunts anciens et nouveaux,
près de 1.500 millions. Certainement, si l'on
n'avait pas traité avec les compagnies, l'Etat eût
pu emprunter ces 3 milliards pour son propre
compte quoi qu'il en fût peut-être résulté une
légère baisse sur son crédit; mais ce qu'il n'eût
pas fait, c'est l'amortissement de 1.500 millions
que nous signalions. Où eût-il trouvé en effet
les excédents nécessaires pour cette opération ?
Nous voulons bien admettre que l'amortissement du 3 0/0 amortissable étant automatique,
les titres eussent disparu, mais ils auraient, sans
aucun doute, été remplacés par des titres autres
et non soumis à ce mode d'amortissement.

Le Trésor a donc trouvé dans les compagnies
de chemins de fer des auxiliaires puissants qui
ont préservé la dette publique d'un accroisse-
ment inévitable. Cet avantage incontestable des
conventions, a cependant été contesté assez fréquemment, sous prétexte que le taux d'emprunt
des compagnies est plus élevé que celui de l'é-
tat. Pourquoi, disent les partisans de cette opinion, demander aux compagnies d'émettre des
titres auxquels on sera obligé de servir un inté-

rêt plus élevé que s'ils étaient émis par l'Etat ? Les charges des compagnies retombant en définitive sur le Trésor, par le jeu de la garantie d'intérêt, c'est un marché de dupes. Là n'est pas, selon nous, la vérité, et il est facile de constater que le taux du crédit des compagnies ne diffère das du taux du crédit public, ou que s'il y a une différence, elle est plutôt en faveur des compagnies. En effet en se reportant aux cours de la fin de 1899, l'on voit que les obligations de chemins de fer valent, en moyenne, 460 francs et que le 3 0/0 amortissable, qui est de tous les titres celui que l'on peut le mieux leur comparer, est coté au plus haut à 99 fr.10. Les obligations rapportent, impôt déduit 13 fr. 50, ce qui fait un revenu de 2.93 p. 100; le 3 0/0 rapporte, en calculant la parité, 3.05 p. 100. L'avantage reste donc aux chemins de fer qui, recevant 100 francs, servent un intérêt moindre que celui servi par l'Etat pour une somme égale. En plus de ce fait, et toujours pour répondre à la même objection, on peut ajouter que ces charges qui retombent indirectement sur le Trésor sont payées aux compagnies sous forme d'avances remboursables avec intérêt. Au lieu d'une dépense définitive, l'Etat ne supporte donc qu'une charge momentanée dont il sera plus tard indemnisé.

En parcourant les documents statistiques
relatifs aux années antérieures à 1883, on
remarque la situation prospère des six compagnies. L'Ouest seul continuait à demander à
l'Etat des avances, mais le montant en allait
toujours s'amoindrissant et n'était que de 7
millions en 1882. Le Nord n'avait jamais fait
appel à la garantie et les autres étaient en pleine
période de remboursement. Aussitôt après les
conventions, c'est-à-dire en 1884, cinq compagnies demandent à l'État 40 millions à titre
de garantie d'intérêt, le Nord seul ne se trouve
pas dans cette nécessité. Les sommes demandées à l'Etat ne cessent de croître pour atteindre
en 1886 le chiffre de 82 millions.

De ce fait l'on a tiré des conclusions aussi
diverses qu'injustes, faisant dépendre cette
diminution considérable dans les recettes des
chemins de fer, des conventions elles-mêmes.
Les uns reprochent aux nouveaux traités d'être
une cause de ruine pour l'Etat, les autres, de
léser gravement les intérêts des compagnies.
Ce n'est là pourtant qu'une simple coïncidence
et la véritable raison de ces déficits est tout
autre. Il faut remonter quelque peu en arrière
pour retrouver la véritable cause de cette crise
si regrettable dans les industries de transports.
Celles-ci subissent pendant une période beau-

coup plus longue les effets d'une crise financière et commerciale surtout lorsqu'elle est
aussi grave que la crise de 1882. Nous avons
déjà eu occasion d'en parler plus haut, mais
son éloignement relatif empêchait les observa-
teurs superficiels d'établir entre elle et les déficits constatés, cette relation de cause à effet
qu'ils n'ont pas manqué d'établir entre ceux-ci
et les conventions de 1883.

Les affaires reprenant peu à peu, les appels à
la garantie diminuent aussi, et, en 1890, n'étaient
plus que de 50 millions. Depuis lors ils n'ont
cessé d'aller en s'amoindrissant de telle sorte
qu'à l'heure actuelle, les vues les plus optimis-
tes sur les résultats des conventions sont permises. En 1883 aussi l'on pouvait espérer des
augmentations dans les recettes des compagnies
aboutissant à un partage de bénéfices important
et le ministre des Travaux publics n'hésitait pas
à le proclamer à la tribune de la Chambre. Mais
ces prévisions, somme toute bien raisonnées,
ont été déjouées par des évènements imprévus,
et nul ne peut dire s'il ne s'en produira pas
d'analogues ; aussi doit-on faire toutes réserves,
lorsque l'on parle des perspectives entrevues à
une époque quelconque de l'histoire des chemins de fer.

Actuellement, la situation financière des che-

mins de fer s'améliore, très rapidement, seule,
la compagnie de l'Ouest continuera encore à faire
appel à la garantie de l'État pendant un certain
temps, mais on peut malgré cela affirmer que la
dette qu'elle a contractée sera remboursée avant
la fin de sa concession.

La compagnie du Midi a traversé une période
difficile, à la suite du rachat des canaux dont
elle était propriétaire ou fermière. Malgré cela
ces deux compagnies ne demandent en 1900 à
l'État que 10.500 000 francs. La Compagnie de
l'Est cesse cette année pour la première fois de
faire appel à la garantie et va rembourser à
l'État 4.800 000 francs. La compagnie du Nord
partagera cette année, dit-on, d'importants bénéfices avec l'État.

Au terme de la convention du 17 mai 1897,
approuvée par la loi du 24 janvier 1898, la compagnie P.-L.-M. s'est engagée, pour se libérer
de sa dette de garantie, à abandonner définitivement à l'État les sommes qu'elle lui avait
avancées pour la construction du réseau de 1883,
jusqu'à concurrence du capital correspondant à
une annuité de 6 millions. A cet effet, pendant
62 ans à partir du 1er janvier 1897, une réduction de 6 millions sera apportée au montant
des annuités que l'État doit verser à la Compagnie. Cette compagnie s'est donc complètement

dégagée de la dette qu'elle avait contractée vis-à-vis de l'État.

La compagnie d'Orléans qui avait demandé 19 millions à la garantie en 1886, n'y recourait plus en 1896 que pour 667.000 francs puis en 1897 pour 48.000 francs et en 1878 elle remboursait 4.052.000 francs. Pour 1899 cette compagnie a 8 millions 500.000 francs d'excédents de recettes et, malgré la hausse qui se produit actuellement sur le combustible et les produits métallurgiques et les insuffisances qui du compte d'établissement doivent passer à celui de l'exploitation, on peut espérer qu'il lui restera un excédent de 3 millions qui lui permettrait de rembourser 7 millions à l'Etat. L'on estime qu'il serait alors possible de passer avec cette compagnie un contrat semblable à celui passé en 1898 avec la compagnie de P. L. M., aboutissant au remboursement immédiat de sa dette.

Comme on vient de le voir, la situation actuelle est bien améliorée et plutôt rassurante, l'ère d'un partage important des bénéfices devant bientôt s'ouvrir. Mais si l'on en est arrivé là, ce n'est pas sans quelques inconvénients. Effrayé par l'énormité des sommes demandées par les compagnies à titre de garantie, le gouvernement n'a cessé de leur recommander des économies. Les compagnies, dont la bonne volonté ne peut être sérieusement mise en doute, cherchaient à en réaliser le plus possible et un des obstacles les plus considérables qu'elles rencontraient en cherchant à atteindre ce but, c'est ce même gouvernement qui, leur imposait par une infinité de réglements des charges nouvelles. Ces réglements, ayant des objets très divers, nécessitaient, par exemple, une augmentation du personnel des compagnies et par conséquent une dépense supplémentaire, lorsqu'ils édictaient des règles immuables sur la durée du travail à exiger de certaines catégories d'agents. Tout dernièrement encore, un réglement à tendance humanitaire a décidé que les agents des trains ne pourraient travailler que tant d'heures par jour ; il en est résuité une dépense estimée à 1.800.000 fr. pour certaines compagnies, et un mécontentement général de ces mêmes agents qui sont obligés de par cette volonté supérieure de rester, la journée finie, loin de leur résidence, alors qu'auparavant un léger supplément de travail leur permettait d'y revenir. Mas c'est là un caractère assez fréquent de cette réglementation du travail qui veut faire le bonheur des gens malgré eux.

Nous ne faisons aucune difficulté pour reconnaître qu'il est des dépenses que l'on doit exiger des compagnies si elles ne les font pas sponta-

nément, et qui doivent passer avant toute économie. Ainsi il est hors de doute que toutes les
grandes lignes à circulation active et rapide doivent être munies des appareils de sécurité les
les plus perfectionnés et, après des événements
malheureux qui en avaient démontré la nécessité, le ministre des travaux publics, par une circulaire, a décidé leur établissement sur un certain nombre de lignes (1). Il est juste d'ailleurs
de reconnaître que le réseau de l'Etat, poussé
sans doute par le désir de faire apparaître dans
son budget un produit net important, se trouve
être celui qui, de tous les réseaux, a réalisé sur
les dépenses de sécurité les économies les plus
importantes. En effet dans le tableau annexé à
cette circulaire et indiquant par compagnie le
nombre de kilomètres à pourvoir du block system
le réseau de l'Etat, malgré le peu d'étendue de ses
lignes, devra l'établir sur 854 kilomètres, alors
que celle des compagnies qui a le plus grand
nombre de kilomètres à pourvoir de cet appareil,
l'Orléans, n'en a que 792, et que d'autres en ont
moins encore ou pas du tout comme le Nord.

Ce fait montre bien que la politique suivie
dans les rapports avec les compagnies est mauvaise et qu'au lieu d'exiger des compagnies des

1. — Circulaire du 8 janvier 1900.

économies partout et toujours, il faut avec dis-
cernement autoriser certaines dépenses, dût-il en
résulter un retard dans le remboursement des
avances reçues, et dans le partage éventuel des
bénéfices.

A côté des sommes versées aux compagnies
au titre de la garantie d'intérêt, il faut tenir
compte, dans les charges budgétaires résultant
des conventions de 1883, des annuités que
l'Etat doit servir aux compagnies de chemins
de fer. Ces charges figurent au budget pour environ 75 millions plus la soulte de 2.200.000
francs payée à la compagnie d'Orléans. Il ne
faut évidemment pas y faire rentrer l'annuité de
20.500.000 francs attribuée à la compagnie de
l'Est pour la perte de son réseau d'Alsace-Lorraine, l'origine de cette annuité étant étrangère
au principe des conventions.

Mais en regard de ces dépenses budgétaires,
il faut faire ressortir les recettes procurées au
Trésor par les chemins de fer et les économies
réalisées. Ces dernières furent longtemps l'objet d'un calcul exagéré, mais les bases en ont été
modifiées dernièrement et l'on peut prendre pour
exacts les chiffres portés dans les statistiques
officielles.

L'impôt sur les transports en grande vitesse
produit actuellement pour les six grands ré-

seaux 55.000.000 en chiffres ronds. Les autres impôts comme les droits de timbre des récépissés, le droit de 4 0/0 sur le revenu des valeurs mobilières, le droit de transmission sur les titres, le droit de timbre des titres donnent un revenu d'environ 95.000.000.

Par suite des contrats passés avec les compagnies, l'Etat réalise sur certains transports de notables économies ; tels sont les transports effectués pour le compte de la guerre, de la marine, des postes et du ministère des finances, ces économies sont estimées à 80 millions.

La situation financière, qui vient d'être exposée, est loin d'être aussi mauvaise que le prétendent les partisans d'une nationalisation partielle ou totale des voies ferrées. Si, comme le disait M. Loubet au Sénat, « on ne s'était pas « habitué depuis un certain nombre d'années à « considérer les compagnies concessionnaires « de chemins de fer comme l'ennemi, ou bien « de les traiter en associées de l'Etat », la situation serait meilleure encore, car des modifications profitables au Trésor pourraient être apportées dans les contrats qui lient l'Etat et les compagnies.

Plusieurs solutions se présentent à l'esprit, qui permettraient de réduire, ou même de supprimer, pour celles des compagnies qui y ont encore recours, les appels à la garantie. Pour les autres, on accélèrerait le remboursement de leur dette ou le partage de leurs bénéfices. De toutes ces solutions, la plus simple, mais aussi la moins réalisable en l'état de choses actuel, serait une prolongation des concessions. Moyennant un nombre d'années minime, deux ou trois ans, à déterminer scientifiquemment, ajoutées à la durée de leurs concessions, les compagnies, réduisant les sommes annuelles consacrées à l'amortissement de leurs emprunts, ou en contractant de nouveaux, retrouveraient la disponibilité d'une partie de leurs recettes. Mais, pour assumer la responsabilité d'une pareille mesure, il faudrait un véritable courage, étant données les dispositions peu conciliantes que rencontrerait une semblable proposition et l'impopularité qu'encourrait son auteur.

Ce qui est moins irréalisable que ces réformes possibles, c'est l'adoption d'une sage politique d'économie et de ne « pas croire que chaque « fois que l'on impose des charges nouvelles aux « compagnies, on fait œuvre pie, et que ce soit « autant de pris sur l'ennemi ». Les compagnies, dans leur gestion financière, rencontrent assez de difficultés sans que son associé, grâce aux armes très puissantes que les contrats lui ont données, vienne en ajouter de nouvelles.

Il ne faut pas oublier qu'en dehors des dettes qu'elles ont vis-à-vis de l'Etat, les compagnies ont d'autres créanciers, les obligataires, les actionnaires et leurs agents.

Pour ces derniers les compagnies ont institué des retraites dont les charges vont pour elles en s'aggravant, et toutes ont été obligées, devant les insuffisances constatées, d'augmenter considérablement le montant des dotations qu'elles octroyaient à leurs caisses des retraites. Vis-à-vis des obligataires les compagnies se trouvent avoir une dette extrêmement élevée dont la réduction serait très profitable au Trésor, et pour la réduire il n'y a qu'un moyen que nous considérons comme tout-à-fait légal, c'est la conversion. Tel n'a pas été l'avis des tribunaux.

En effet en 1895, la compagnie de l'Est ayant manifesté l'intention de réduire de 25 fr. à 22 fr. 50 c., l'intérêt des obligations 5 0/0 émises de 1852 à 1856, le ministre des Travaux Publics après avoir pris l'avis du ministre des Finances et du Comité Consultatif des Chemins de fer, autorisa la compagnie à procéder à cette conversion. Mais une société titulaire d'un certain nombre de ces titres assigna la Compagnie devant le Tribunal civil de la Seine qui, par un jugement en date du 18 juillet 1895 donna gain de cause à cette société, déniant à la compagnie le droit de convertir ses emprunts. Déféré à la Cour d'Appel, ce jugement a été confirmé par un arrêt de la 1ʳᵉ Chambre rendu le 28 novembre 1895 ; et le 21 avril 1896, la chambre des requêtes de la cour de Cassation a rejeté le pourvoi formé par la compagnie contre l'arrêt de la Cour d'Appel. Le jugement devenu ainsi définitif est conçu dans ces termes :

« La Compagnie de l'Est ne peut, ni rembour-« ser sa dette par anticipation, ni réduire le « taux de l'intérêt de ses obligations 5 0/0, sans « le consentement des porteurs. »

Les tribunaux ont donc considéré comme inapplicable aux emprunts remboursables par annuités, même avec prime de remboursement, la disposition de l'article 1187 : « le terme est toujours présumé stipulé en faveur du débiteur. » Nous ne croyons pas qu'il puisse résulter de la stipulation ou des circonstances qu'il ait été aussi convenu en faveur du créancier et nous ne voyons pas comment on peut admettre le droit de conversion de l'Etat et méconnaître celui des compagnies, tous deux sont justifiables par les mêmes raisonnements et sont d'un grand intérêt pour les contribuables. La conversion en effet, qui sous le régime des conventions antérieures n'eût profité qu'à la compagnie à cause du caractère forfaitaire du taux de l'intérêt garanti, eût été autant de gagné pour le budget, les avances de l'Etat se calculant d'après les charges réelles des emprunts. Or les conversions eussent en un effet bien plus considérable sur les années présentes que sur les années à venir, le total annuel des intérêts d'un emprunt, seule partie des charges réductible par voie de conversion, allant toujours en diminuant contrairement à ce qui se passe pour la partie de ces charges correspondant à l'amortissement qui croît à mesure que le terme approche. Les appels à la garantie eussent donc cessé beaucoup plus vite si les conversions des dettes des compagnies eussent été autorisées.

On peut voir d'après l'exposé qui précède que les conventions de 1883 ne méritent pas les épithètes qu'on leur donne car la situation financière actuelle qui en est le résultat s'améliore de jour en jour. On a pu constater qu'aucune des grandes compagnies ne se trouvait être dans la situation que nous disions être la plus mauvaise de toutes : celle où elle n'aurait aucun intérêt à voir ses recettes augmenter, sa dette étant trop élevée, comparativement à ses bénéfices, pour conserver l'espoir de s'en acquitter un jour et augmenter son dividende. Aucune n'en est là et l'intérêt qu'elles ont à faire prospérer leur entreprise est, avec le contrôle de l'Etat, le plus sûr garant de leur bonne administration.

L'on a souvent reproché aux conventions de 1859, d'avoir garanti un dividende trop élevé aux actionnaires et si l'on n'adresse pas le même reproche aux conventions de 1883 c'est que très probablement les compagnies eussent refusé de traiter sur une autre base. Nous avons, nous le croyons du moins, donné de suffisantes justifications de cette mesure et il ne faut pas oublier que ces dividendes élevés ne sont qu'une équitable rémunération des risques nombreux que couraient les premiers capitalistes qui ont aventuré leurs fonds dans ces entreprises.

Mais ce dont il est important de se souvenir lorsque l'on parle des conventions de 1883, c'est la situation où l'on se trouvait à l'époque où ces contrats furent passés. Ils ont permis l'exécution non pas totale encore mais presque complète du plan de grands travaux publics que l'on avait eu le tort peut-être de promettre au pays, trop étendu et surtout avec un délai d'achèvement trop court.

En face de difficultés inextricables le gouvernement dut recourir à l'aide des compagnies, grâce à laquelle les travaux promis furent exécutés sans qu'il en résultât pour le crédit public les inconvénients qui eussent été la suite inévitable d'énormes emprunts. Peut-être eût-on pu les mieux rédiger et nous en avons vu les défauts les plus saillants, mais les lamentations rétrospectives sont inutiles et les modifications possibles irréalisables. Le mieux est donc encore de prendre les faits tels qu'ils sont et d'en tirer le meilleur parti possible ; mais pour celà, il ne faut pas traiter les compagnies de chemins de fer comme l'ennemi, mais comme des associés aussi intéressés que l'Etat lui-même aux heureux résultats d'une bonne administration à laquelle celui-ci doit s'efforcer de contribuer.

CHAPITRE IV

L'Etat et l'industrie dans l'établissement et
l'exploitation des chemins de fer.

1. — *Considérations générales.*

Voici plus de soixante ans que l'on discute
la question de savoir si les chemins de fer doivent être exécutés et exploités par l'industrie
privée ou par l'État. Nous n'en sommes plus à
nous demander, comme le faisait Lamartine lors
de la discusion parlementaire de 1838, ce
« qu'auraient pensé les peuples qui ont laissé
« de grandes traces sur la terre, les Egyptiens,
« les Romains, les Grecs, nos pères mêmes, les
« Français d'Henri IV, de Sully, de Louis XIV,
« de Colbert, de Vauban, de Napoléon, si on
« leur avait proposé de faire exécuter au rabais,
« par des compagnies irresponsables de l'hon-
« neur du pays, leurs canaux, leurs chaussées
« éternelles, leurs forum.... Ils auraient dit,

« prétend l'illustre orateur : laissez faire aux
« individus ce qui est borné et passager comme
« eux, faites faire par l'Etat ce qui est éternel
« comme lui ». Il est fort possible, en effet,
que la solution la meilleure pour ces différentes
époques ait été l'exécution par l'Etat de tous les
grands travaux publics, car alors les conditions
étaient tout autres. Enfin, rien d'étonnant à ce
que la question ne se pose plus de la même
manière au XIXᵉ siècle, qu'au temps des Pharaons,
surtout lorsqu'il s'agit de chemins de fer.

La question a même complètement changé
depuis 1837, et, lorsqu'elle était encore entière
comme alors, ces discussions théoriques sur
les différents modes d'exécution avaient leur
valeur. Actuellement il est généralement admis
que, construits par l'Etat ou par l'industrie, les
chemins de fer n'en sont ni meilleures ni pires.
En émettant cette opinion à la suite des auteurs
les plus autorisés, nous n'envisageons que le
point de vue français, c'est-à-dire, que nous ne
voulons pas parler de ces pays où une liberté
complète laissée à l'initiative individuelle a amené des crises déplorables comme en Amérique.
Nous ne nous occupons que de la France où
les voies ferrées ne peuvent être construites que
sous le contrôle de l'Etat. Nous ne ferions peut-
être qu'une réserve à ce sujet, c'est la crainte

de voir la politique se mêler à ces questions tout à fait techniques ; bien qu'en matière de construction la chose soit moins probable qu'en matière d'exploitation. En effet, dès 1837, époque à laquelle les mœurs politiques étaient loin d'être ce qu'elles sont aujourd'hui, l'on pouvait dire : « donnez-moi une ligne de chemin de « fer à déterminer, exécuter et exploiter dans « un ou dix départements et je vous réponds de « neuf élections sur dix. » Mais ce que Lamartine, à qui des parlementaires ne dédaignent pas d'emprunter encore des arguments, disait en faveur de l'exécution par l'Etat, serait beaucoup plus juste, selon nous, si l'on y voyait une raison de faire exécuter les travaux par l'industrie. En effet, avec l'importance que l'opinion des députés aurait dans les décisions à intervenir, neuf lignes sur dix seraient exécutées et, nous le verrons plus loin, exploitées dans un intérêt électoral. Sauf cette réserve, nous croyons donc qu'il est indifférent, vu le droit de contrôle général qui appartient à l'Etat, de voir exécuter les voies ferrées par lui ou par des compagnies.

On a bien fait valoir, l'intérêt de la défense nationale qui exige la construction de lignes stratégiques souvent improductives, mais l'expérience a prouvé, et cela existe actuellement en

France, que dans les contrats passés avec les compagnies, on peut, par des clauses intelligentes, obvier aux inconvénients d'une liberté absolue laissée à l'initiative individuelle.

Le seul avantage qu'offre la construction des chemins de fer par les compagnies c'est de diminuer dans une large mesure, les charges qui retomberaient sur le budget et qui pourraient avoir des conséquences fâcheuses pour le crédit public s'il s'agissait d'un grand nombre de kilomètres de voies ferrées à construire.

Passant de la construction à l'exploitation, cette indifférence n'est plus de mise, et, c'est avec la plus grande énergie, que nous repoussons l'exploitation par l'Etat car nous n'avions eu en vue tout à l'heure qu'une construction par l'Etat, non suivie d'une exploitation par l'Etat.

En faveur de notre thèse, et pour défendre l'opinion contraire, on a fait valoir des arguments divers et nombreux. Nous n'avons pas l'intention de les reprendre les uns après les autres et d'en faire une discussion approfondie. Nous nous bornerons à exposer les avantages ou les inconvénients de l'un et de l'autre système, tels qu'ils existent en France, sans nous occuper du côté théorique de la question.

Il faut naturellement laisser de côté toutes les accusations que l'on a portées contre les compa-

gnies, et qui, souvent reproduites dans les pro-
grammes électoraux et les discours parlementaires de certains élus, seraient déplacées dans une
discussion sérieuse. Toutes peuvent se ramener
à ce principe, que les partisans d'une nationalisation attribuent à leurs adversaires : « L'État
n'est pas fait pour exploiter, mais pour être exploité ». Sur de pareilles prémisses, on conçoit
aisément qu'il soit impossible de discuter, aussi,
négligerons-nous ces attaques.

D'autres arguments, sans valeur aucune, dont
on s'est servi bien des fois, ne résistent pas à
l'analyse même la plus succincte ; tel celui de
cette fameuse féodalité financière dont on essaye d'effrayer notre démocratie. Il faut reconnaître que s'il y a une féodalité, elle est singulièrement étendue et ses membres se comptent
non par centaines, mais par milliers car pour
certaines compagnies le nombre des actionnaires
dépasse 50.000. Nous ne croyons pas qu'une
telle quantité de membres soit une force pour
une féodalité, mieux vaudrait pour elle avoir des
individualités plus puissantes qu'une généralité
aussi nombreuse.

Un argument qui, de prime abord, semble
plus difficile à réfuter, c'est ce fameux monopole des compagnies qui, établi en faveur des
compagnies, serait un obstacle au développe-

ment économique de notre pays. Nous croyons que, s'il existe parfois en fait, ce monopole n'a pas d'aussi graves inconvénients qu'on veut bien le dire. S'il en a, et l'on ne pourrait le nier, ils sont infiniment moindres que ceux qui naîtraient d'une libre concurrence. Qu'arrive-t-il en effet lorsque deux compagnies se font concurrence ?

Pour desservir une même région, par exemple, il s'établit deux lignes concurrentes dont une seule eût suffit ; il en résulte tout d'abord un abaissement de tarifs, très profitable à cette région, mais sitôt que l'une des compagnies renonce à la lutte, le vainqueur, pour rentrer dans ses déboursés, relève immédiatement ses tarifs et cherche à couvrir des dépenses que des tarifs trop bas ne lui permettaient pas de solder à l'époque de la concurrence. Cette pratique est assimilable à la *sousvente* usitée fréquemment dans le commerce et l'industrie. La compagnie qui n'a pu lutter est généralement absorbée par l'autre, d'où un double capital dont il faut rechercher la rémunération dans un surélèvement des tarifs. L'on voit donc que si le monopole n'est pas un régime idéal, la concurrence ne manque pas de défauts ; plus qu'en France d'ailleurs, l'on s'en est ressenti à l'étranger et ces remarques ont pu être faites chaque fois que le fait cité plus haut s'est reproduit. Il ne faut pas oublier que chez nous il existe aussi, à côté du réseau des compagnies, le réseau concurrent des voies navigables. Ce dernier est même, à un certain point de vue, dans des conditions plus favorables pour la lutte ; les péages ayant été presque totalement abolis, il n'y a plus à solder pour l'entrepreneur de transports que les frais de traction et de matériel ; les transports par chemins de fer continuent à supporter au contraire ce péage qui est la rémunération des capitaux engagés dans l'établissement de la voie. La navigation possède même ce grand avantage de la mobilité de son matériel qui lui permet, lorsqu'il renonce à concurrencer une voie ferrée, d'établir son industrie ailleurs sans qu'il en résulte pour lui une grande perte.

Nous venons d'établir que le monopole des compagnies n'est pas aussi réel qu'on le pense généralement et nous croyons qu'avec le régime actuel ses inconvénients disparaissent presque totalement. Exposer de quelle façon les compagnies exploitent leurs lignes sous le contrôle de l'Etat, c'est répondre de la façon la plus complète aux objections que l'on adresse au système que nous défendons.

On a vu, que, lors de la construction d'une ligne, le contrôle incessant de l'Etat transforme,

pour ainsi dire, ces travaux en travaux publics ;
il en est de même pour l'exploitation. Une fois
la ligne achevée et exploitée, la compagnie l'en-
tretient, mais, si le ministre des travaux publics
juge nécessaires certaines réparations ou adju-
dications, il peut les exiger des compagnies, par
exemple si la sûreté des voyageurs y est inté-
ressée.

Lorsque des travaux complémentaires sont
devenus nécessaires, la compagnie les exécute,
après avoir obtenu l'autorisation du ministre et
en restant dans la limite des sommes maxima
fixées annuellement par la loi de finances.

Des approbations ministérielles sont obliga-
toires pour toutes modifications dans le matériel
roulant de la compagnie et l'expérience a prouvé que le ministre est plus avare de ces autori-
sations que la compagnie de ses deniers. Celle-
ci attend souvent si longtemps la réponse à ses
demandes d'autorisation, qu'elle ne peut parer,
dans bien des cas, aux nécessités du trafic.
Des règlements nombreux prescrivent aussi des
épreuves minutieuses pour constater la solidité
de ce matériel.

Le ministre statue également après avis de
plusieurs comités techniques ou consultatifs sur
la marche des trains eu égard à leur nombre,
leur vitesse et leur composition.

Aucune taxe ne peut être perçue qu'en vertu d'une homologation du ministre des Travaux publics. La compagnie est donc obligée avant de modifier ses tarifs d'obtenir une approbation du ministre, approbation qui n'est obtenue qu'après de longues enquêtes et qui n'est d'ailleurs que provisoire.

Au point de vue financier, ajoutons qu'aucune émission d'obligations ne peut avoir lieu sans être autorisée par le ministre.

Voilà, résumée succinctement, l'organisation du contrôle telle qu'elle existe actuellement en France et nous croyons par là même avoir répondu à bien des objections. Nous croyons l'État suffisamment armé pour pouvoir, imposer sa volonté aux compagnies, qui souvent ne sont même pas appelées à donner leur avis sur les mesures qu'on leur impose, mesures parfois très onéreuses. Le comité consultatif des chemins de fer, en effet, si bizarre que cela puisse paraître, est composé entièrement de personnes étrangères aux compagnies, nous ne parlons pas des deux membres pris dans le personnel de ces dernières mais qui ne peuvent évidemment les représenter étant d'une catégorie tout à fait inférieure. Cette non représentation des compagnies est, sans aucun doute, une injustice, qu'il est peu probable devoir réparer d'ici longtemps encore.

Etant donnés les pouvoirs du ministre sur les compagnies au point de vue technique et commercial nous ne pouvons voir là une raison de la nationalisation des voies ferrées.

Dans les exigences de la défense nationale beaucoup ont cru trouver un argument péremptoire. Il est indispensable, disent-ils, que l'État soit maître du réseau, pour exécuter pendant la paix les lignes qui pendant la guerre, transporteront les hommes et le matériel, et pour assurer ces transports au moment voulu. Pour répondre à cela, il suffit de faire remarquer qu'aussitôt la déclaration de guerre les chemins de fer passent au ministère de la guerre et que tous les détails de cette transmission sont prévus. D'un autre côté, les lignes stratégiques sont construites aussi bien par les compagnies que par l'État ; on en trouve la preuve dans le réseau de l'Est où l'on trouve nombre de lignes commerciales appelées à devenir stratégiques et d'autres construites uniquement dans ce but ; certaines lignes enfin sont pourvues de voies quadruples toujours dans ce même but. Les expériences faites dernièrement ont prouvé que ce service spécial du temps de guerre fonctionnait parfaitement et la compagnie de l'Est a reçu, de ce fait, des éloges mérités des ministres compétents.

Ce n'est donc pas encore là une raison de modifier l'état de choses actuel. Nous reconnaissons que jusqu'ici les avantages et les inconvénients de l'un et de l'autre systèmes se balancent exactement et qu'il serait indifférent de voir les chemins de fer exploités par l'Etat ou par les compagnies. Mais si l'on examine le côté politique de la question, tout change et un esprit impartial n'hésite pas à se déclarer immédiatement partisan de l'exploitation des compagnies. N'est-ce pas une inconséquence pour ceux-là mêmes qui, adversaires décidés des compagnies, ne cessent de crier contre les abus du fonctionnarisme, de vouloir augmenter d'un seul coup, cette armée déjà trop nombreuse, de 300.000 individus?Est-il permis d'envisager avec calme, lorsque l'on est voyageur et contribuable, ces innombrables demandes qui assailliraient nos gouvernants et les réponses qu'ils devraient leur faire pour conserver leur clientèle électorale ? Quelles incessantes demandes de places ! Quels déraisonnables abaissements de tarifs n'exigerait-on pas d'eux ! Et c'est bien alors que l'on verrait disparaître les préoccupations d'intérêt général devant les considérations mesquines, d'un plus ou moins grand nombre de voix à conserver. Nul doute qu'à l'esprit d'un expéditeur se présentera bien plutôt l'avantage qu'il retirera d'une expédition faite à meilleur marché, que les charges budgétaires, résultat d'un abaissement des profits. Si l'on remarque que c'est là un électeur représenté dans une assemblée dont les délibérations décideront de l'exploitation des chemins de fer, il est facile de présumer que le gouvernement ne pourra longtemps résister aux exigences de ces représentants dont il dépend comme ils dépendent eux-mêmes de leurs électeurs. Nous savons bien que ce n'est pas l'esprit de la Constitution où le député est dit être le représentant de la nation tout entière, mais la longue expérience que nous venons de faire du régime parlementaire a parfois fait descendre l'élu de ce piédestal pour le ramener aux proportions plus modestes de porte-parole d'un groupe limité de citoyens.

Si, contrairement à nos prévisions, le gouvernement, pour conserver l'exploitation des chemins de fer en dehors de la politique, répondait par des refus à ces demandes, les mécontentements qu'il soulèverait ne tarderaient pas à amener sa chute ; or il est toujours dangereux de placer un homme entre son intérêt particulier et l'intérêt général en l'obligeant à sacrifier l'un à l'autre. De nos jours, le choix serait vite fait et cela tournerait bientôt à la ruine de nos finances. Il est si commode actuellement de voir le rôle de bouc émissaire tenu par les compagnies, responsables et des tarifs de leurs réseaux et de ceux du réseau de l'Etat, que l'on se demande pourquoi on les y remplacerait.

Ce système aurait pour effet d'introduire la politique dans le personnel des compagnies rachetées ; et, ce qui se passe sur le réseau de l'Etat, n'est pas fait pour nous le faire désirer. L'autorité sur ce réseau, et à tous les degrés de la hiérarchie, tend à disparaître à mesure que les syndicats d'employés prennent de l'importance ; par l'intermédiaire des députés, ils peuvent souvent, au moins dans une certaine mesure, imposer leur volonté. Il en serait bientôt de même le jour où tous les réseaux seraient dans la main du gouvernement, le cas serait même singulièrement aggravé par le nombre considérable de voix de cette espèce qui seraient représentées à la Chambre.

A côté de cette considération d'ordre politique qui selon nous doit être d'un grand poids dans le jugement à porter, il en est une d'ordre financier qui est aussi très grave. Avec notre organisation administrative et budgétaire actuelle il nous semble que l'Etat ne puisse jamais exercer au mieux des intérêts de tous, une industrie quelconque ; entre ses mains toutes sont entachées d'un vice initial que la meilleure administration ne saurait faire disparaître.

Ce défaut réside dans la façon dont est voté le budget : quand un crédit est demandé, par exemple pour l'établissement d'une ligne téléphonique, ce sont pour des raisons d'équilibre budgétaire que l'on accordera ou que l'on refusera cette somme, et non pas du tout eu égard aux recettes futures que pourra procurer cette dépense. Il en est de même sur le réseau de l'Etat où bien des dépenses utiles eussent été faites, s'il n'avait fallu augmenter le montant annuel des crédits demandés pour ce réseau et si l'on n'avait été préoccupé de faire ressortir un produit net de plus en plus considérable, ce qui est utile maintenant que l'on compare fréquemment le rendement du réseau avec celui des réseaux des compagnies. Pour éviter une diminution momentanée de ce produit on a reculé devant ces dépenses qui, faites, à coup sûr, par les compagnies, leur eussent procuré des recettes ultérieures.

Revenant aux arguments politiques que nous avons donnés, nous y ajouterons que ce qui pourrait arriver de pis à l'administration des chemins de fer nationalisés, c'est de subir les contre-coups des changements de politique incessants auxquels nous assistons.

Les changements de ministères incessants dont nous souffrons, nuiraient aussi à l'exploitation de nos voies ferrées. Une médiocre direction toujours suivie serait infiniment préférable aux excellentes directions que, nous n'en doutons pas, les différents ministères qui se succèderaient ne failliraient pas à donner à cette industrie. Le parti au pouvoir chercherait, par tous les moyens, à conserver cette arme puissante de gouvernement, tandis que le parti détrôné, tenterait avec autant d'énergie à la lui arracher et, pour cela, combattrait jusqu'au bout le système qui permet à son adversaire d'exercer une action aussi grande sur les consciences et sur les votes. Une fois la victoire complète et le pouvoir reconquis, ce même parti s'empresserait de rétablir ce qu'il aurait détruit. Voit-on ce que seraient ces chemins de fer passant sans cesse des mains de l'Etat dans celles de compagnies, pour faire encore retour à l'Etat suivant le jeu des intérêts des factions au pouvoir ?

Il en serait de même du personnel dirigeant et nous ne craignons pas d'affirmer que la ruine de cette industrie serait la suite nécessaire de pareilles mesures.

Le véritable monopole existerait du jour où les chemins de fer seraient tous nationalisés car toute cette organisation du contrôle, si minutieuse et en somme si utile, devrait disparaître, où dans tous les cas cesserait d'avoir une efficacité quelconque. L'individu resterait, en pratique, désarmé vis-à-vis de l'État au point de vue du contentieux et nous ne croyons pas que cet état de choses soit à désirer.

Il vient d'en être assez dit, croyons-nous, pour que l'on n'hésite pas à rejeter le système d'une exploitation par l'Etat. Mais il ne faut pas pousser le raisonnement jusqu'au bout et vouloir que l'État ne se mêle en rien à ce qui a rapport à cette industrie. Nous pensons que la surveillance qu'exerce continuellement le gouvernement, sur l'administration des compagnies, est une bonne chose à condition de ne pas devenir haineuse. Ce service peut en somme chez nous être considéré comme un service public et nous ne serions pas opposé à certaines mesures que l'on semble vouloir prendre actuellement. Il ne serait pas mauvais, par exemple, que le gouvernement fût consulté sur le choix des administrateurs des compagnies ou du président ou du directeur, comme cela se passe à la Banque de France. L'assimilation est peut-être un peu forcée, car le gouverneur et les sous-gouverneurs sont nommés par le ministre des finances, mais un rapprochement est certainement permis. Seulement, nous considérons comme peu légal, un projet qui voudrait faire intervenir le législateur pour violer les termes des contrats passés avec les compagnies. Cette solution ne pourrait être adoptée qu'après une entente avec les parties intéressées, entente aboutissant à de nouveaux contrats, dans lesquels l'Etat se verrait accorder ce droit qu'il peut toujours usurper, mais jamais prendre.

Nous avons vu qu'une exploitation générale des voies ferrées par l'État serait néfaste, en est-il de même d'une exploitation partielle ? Nous croyons la question moins importante, et, si l'existence dn réseau de l'État a des inconvénients, nous lui voyons certains avantages, entre autres celui d'être une réalité opposable aux rêveurs qui voient à ce système une quantité de qualités qui n'existent que dans leur imagination. La comparaison qui va être faite des résultats obtenus par l'État et par les compagnies, montrera mieux que tout espèce de raisonnement que les espérances fondées sur ce réseau, sans être déçues tout à fait, sont loin de s'être réalisées assez complètement, pour appeler une généralisation de ce système d'exploitation.

2. — Comparaison des résultats obtenus par l'Etat et par les Compagnies dans leur exploitation.

Les comparaisons que nous allons essayer d'établir entre les deux différents modes d'exploitation, sont extrêmement délicates. Il est très difficile en effet de trouver deux termes que l'on puisse comparer sans injustice. Aussi faisons-nous toutes réserves sur leur exactitude.

Ainsi les rapprochements, que l'on fait généralement, entre les coefficients d'exploitation de différents réseaux n'ont pas une valeur absolue et, bien souvent, ils ne signifient pas ce qu'on leur fait dire. Il faudrait en réalité tenir compte de tous les éléments qui entrent dans leur calcul et voir si d'un réseau à l'autre il n'y a pas un de ces éléments qui fausse la comparaison. Bien plus, même les calculs seraient-ils semblablement faits, le coefficient d'exploitation n'indiquerait pas toujours le plus ou moins d'habileté apportée dans l'exploitation d'un réseau. Il dépend en effet d'une foule d'éléments souvent difficiles à analyser d'une façon précise : l'importance et la nature du trafic, la structure du réseau, les conditions d'établissement des lignes, le prix de la main-d'œuvre, etc... Il est évident que les frais généraux, par exemple, ne croissent pas en proportion du développement pris par une usine quelconque ; il en est de même pour une ligne où ils pèsent lourdement sur chaque unité transportée lorsque la circulation est peu active et s'atténuent, lorsque le trafic augmente. Aussi ne faut-il pas attacher une importance exagérée aux comparaisons que l'on fait de cette manière (1).

Cette remarque générale une fois faite nous croyons utile d'en faire d'autres sur les parallèles que l'on établit entre les réseaux des compagnies et ceux de l'Etat au point de vue de la construction.

Lorsque l'Etat construit une voie ferrée, on ne voit apparaître dans les statistiques que les

1. Ces comparaisons peuvent être radicalement fausses. En effet si, sur une ligne où le coefficient est de 50 0/0 c'est-à-dire, par exemple, où pour une dépense kilométrique de 1000 fr., on fait une recette de 2.000 fr., on obtient une recette de 3.000 fr., en portant la dépense kilométrique à 1.800 fr., par une augmentation du nombre des trains, le coefficient sera de 60 0/0 et pourtant tout le monde y aura gagné ; le public une plus grande commodité, et la compagnie 200 fr.

dépenses de construction et d'outillage, on n'y porte même pas les frais de personnel. Quand, au contraire, une voie est construite par une compagnie, l'on inscrit au compte et les frais généraux dans leur ensemble, et les intérêts des premiers capitaux dépensés qu'elle doit servir pendant la construction, et qu'elle impute sur le compte de premier établissement. Il en est, des lignes construites par les départements, comme des lignes construites par l'Etat. Cette différence entre l'Etat et les départements d'un côté et les compagnies de l'autre, s'explique par l'origine même de leurs ressources. Celles-ci ne peuvent obtenir que par un emprunt les premiers fonds nécessaires à la mise en marche de l'entreprise; aussi doivent-elles servir aux souscripteurs des intérêts alors que les travaux pour lesquels on a émis des titres ne rapportent encore rien. L'Etat ou les départements, ne font apparaître dans leur compte d'établissement ni les dépenses de personnel soldées sur leur budget, ni, s'il y a eu un appel fait au public, les intérêts servis aux souscripteurs, payés également par le budget national ou départemental.

Une chose dont il est assez difficile de tenir compte et qui fausse aussi parfois les comparaisons des prix de revient, c'est la durée de la construction. Indépendamment de la difficulté du terrain, si les constructeurs se trouvent aux prises avec des difficultés qui retardent l'achèvement des travaux, les charges d'intérêts intercalaires, peuvent, d'après les dires les plus autorisés, passer de 8 à 20 pour cent. Ils ont même dépassé ce chiffre à certains moments où les emprunts étaient plus onéreux pour les compagnies qu'ils ne le sont actuellement. Les statistiques accusent alors un prix de revient notablement accru sans raison apparente.

Il est enfin une dernière remarque indispensable à faire, et qui peut modifier les conclusions auxquelles on arrive en estimant le prix de revient du réseau de l'Etat. Lorsque le gouvernement, ayant en face de lui des compagnies en déconfiture, comme celles des Charentes et de la Vendée, résolut de les racheter, il est bien évident qu'il majora les sommes à verser aux compagnies rachetées, et cela dans un but très louable. Il ne voulait pas, et on ne saurait le lui reprocher, que les actionnaires et les obligataires qui avaient engagé des fonds dans ces entreprises, se vissent évincés totalement. Les titres de ces sociétés étaient plus localisés que ne le sont aujourd'hui les titres de nos grandes compagnies, et, l'insolvabilité complète de ces compagnies eût pu être d'un effet funeste. Quoiqu'il en soit du motif qui inspira le gouvenement, le jugeât-on bon ou mauvais, il est certain, croyons-nous, qu'il a payé ces réseaux plus qu'ils ne valaient.

Nous ne nous voulons pas entreprendre ici de discuter la question de la soulte d'échange payée par l'Etat à la compagnie d'Orléans, elle est trop complexe et trop technique pour rentrer dans le cadre de notre étude. Mais ce que l'on peut dire, c'est que les lignes cédées au réseau de l'Etat par cette compagnie étaient en si mauvais état, que l'administration de ce réseau fut autorisée à porter au compte d'établissement les travaux de réfection de la voie qui se trouvaient devenir nécessaires au moment de cet échange.

Toutes ces restrictions rendent donc bien compliquée, une question qui était déjà si peu claire que les estimations varient du simple au double lorsqu'il s'agit des capitaux dépensés par l'Etat sur son réseau. Les chiffres, même quand on croit avoir calculé exactement, ne peuvent être comparés entre eux que si, de cette comparaison, on ne veut pas tirer des conclusions absolues.

Les observations que nous venons de faire enlèvent donc beaucoup de leur valeur aux rapprochements possibles entre les comptes du réseau de l'Etat et ceux des compagnies. Adversaire de l'exploitation par l'Etat, l'impartialité nous oblige à reconnaître que les avantages qu'ont les réseaux des compagnies sur celui de l'Etat, ne seraient pas aussi considérables si l'on pouvait apprécier avec une précision mathématique certaines des causes de son infériorité, ne résultant en aucune façon de la manière dont il est exploité.

Mais il y a des comparaisons qui ne sont pas permises et nous en citerons une qui se trouve dans un document qui faillit, aidé par les circonstances, faire pencher la balance en faveur de la nationalisation des voies ferrées (1). Dans ce document, il est donné des graphiques qui sont supposés devoir représenter la marche des revenus nets kilométriques de l'Etat comparés à ceux des compagnies pendant une période. Il y est pris comme point de départ l'année 1879 pendant laquelle les recettes kilométriques de l'état étaient de 2.030 fr. et celles des compagnies de 22.412 fr. en moyenne. Partant de là, l'on voit alors la courbe des revenus nets de l'Etat baisser d'abord pendant les quatre premières années pour s'élever ensuite avec une rapidité extraordinaire. La courbe cor-

1. Rapport sur le budget des chemins de fer de l'Etat pour 1900, par M. Bourrat,

respondant aux revenus des compagnies augmente quelque peu jusqu'en 1882 puis s'infléchit brusquement à l'époque où le contre coup de la grande crise commerciale se fait sentir sur le trafic des voies ferrées, pour se relever ensuite mais sans atteindre la même hauteur qu'en 1879. Les revenus nets kilomètriques moyens des compagnies ont en effet passé de 1879 à 1898 de 21.412 fr. à 19.489. Cette comparaison n'est pas justifiable ; autant, en effet, vaudrait comparer la quantité de forces acquises par deux individus en un laps de temps de 10 ans, par exemple, en prenant l'un d'eux au début même de son existence et l'autre en pleine période de maturité. La comparaison tout au désavantage de celui-ci, ne saurait empêcher qu'il ne fût beaucoup plus vigoureux que le premier.

Dans ce même document se trouve un tableau représentant les charges que le Trésor a supportées en 1897 du chef du réseau de l'Etat. A notre avis il est bien incomplet. Pour qu'il fût parfaitement exact, il faudrait tenir compte, comme le faisait M. Chevalier en 1895, de toutes les insuffisances que le produit du réseau n'a pas couvertes depuis sa création. Ce calcul qui, à première vue semble facile est presque impossible, les divergences de vues se rencontrant

aussi bien dans l'estimation du capital d'établissement à cette époque que maintenant. Ces
insuffisances existent en effet, car les dépenses
ont été soldées, pour la plupart au moins, grâce
à des émissions de rentes et des intérêts doivent
être servis aux porteurs. Cette façon de calculer
est au moins indispensable si l'on veut comparer l'Etat avec les compagnies, car celles-ci,
comme nous l'avons dit plus haut, augmentent
leur capital d'établissement en proportion de
leurs charges, garanties d'intérêt à part.

Mais laissant de côté cette question et prenant pour point de départ les chiffres officiels
fournis par les statistiques, il est possible de
calculer les charges annuelles de l'Etat. Aux
600.638.000 francs, accusés par celles-ci, comme prix de rachat, dépenses de construction, de
parachèvement, de matériel roulant et complémentaires, il faut ajouter 52.365.666 francs de
subventions payées aux anciennes compagnies,
Jusque-là, pas de difficulté, mais c'est ici que
les opinions varient : faut-il compter les lignes
reçues de l'Orléans à 100.946.000 francs, prix
de leur construction, ou à 218.000.000 prix des
lignes cédées à cette compagnie? Les statistiques citées plus haut tournent la difficulté en
ne portant en compte aucune de ces sommes.
Nous croyons, quant à nous, que les lignes que

possède actuellement l'Etat lui ont coûté 218 millions, car, c'est à ce prix qu'il a reçu d'un tiers, ou, construit lui-même, le groupe de lignes cédées ensuite à l'Orléans. Le groupe reçu en échange ne vaut que 101 millions, en chiffres ronds, mais il ne l'a eu qu'en donnant un autre groupe payé par lui 218 millions. C'est donc bien cette dernière somme que l'État a dépensée pour avoir les lignes reçues de l'Orléans.

L'échange ayant été fait sans qu'il fût question du prix d'établissement et à la seule condition de se tenir compte respectivement de la moyenne du produit net des deux groupes de lignes, pendant un certain nombre d'années antérieures à leur échange, il se trouva que l'Etat dut payer à l'Orléans une soulte annuelle de 2.200.000 francs représentant la différence entre le produit net moyen des lignes échangées, les lignes cédées par l'Orléans donnant un produit net supérieur.

Ainsi, il faut porter au compte d'établissement 218 millions et ajouter aux charges annuelles une somme de 2.200.000 francs. Il faut de plus tenir compte des 13 versements de cette soulte qui ont dû être faits à ce jour, ce qui nous amène à augmenter le capital total dé-

pensé au 1ᵉʳ janvier 1897 de 28.600.000 fr. (1).
Cette addition est juste, car si cette somme
eût dû être payée par une compagnie elle n'eût
été obtenue que moyennant une augmentation
du capital d'établissement, augmentation qui
eût fait peser sur la compagnie des charges d'intérêt et d'amortissement. Soldée par une émission de 3 0/0 amortissable, les calculs restent
les mêmes. De toute façon on ne peut le criti-
quer, car si une dépense, payée par le budget
ordinaire, ne devait plus être portée en compte
il suffirait de procéder ou d'avoir toujours procédé ainsi, à l'égard des dépenses d'établissement du réseau de l'Etat, pour avoir à l'heure
actuelle un réseau rapportant 12 millions sans
avoir rien coûté.

On arrive de la sorte à trouver un total de
charges annuelles de 42 millions en regard d'un
produit net de 12 millions ; ce qui donne une
insuffisance de 30 millions. Nous ne pouvons
comprendre comment, même en ne tenant compte que des calculs des partisans du réseau de
l'État, un réseau qui impose annuellement 29
millions de charges au Trésor et lui procure 12

---

1. La soulte d'échange a été estimée à 2.200.000 francs,
bien qu'elle fût d'abord de 2.900.000 francs puis de
2.500.000 francs et qu'en 1900 on la compte pour 2.348.000
francs.

millions de recettes constitue un excellent placement à 2,04 p. 100 (1).

Ce réseau, loin de rapporter quoi que ce soit
au Trésor, lui coûte, suivant les uns 17 millions,
suivant nous, au moins 30 millions par an et
le tableau ci-joint le prouve. Qu'il ne faille pas

Charges que le Trésor a supportées du chef
du réseau de l'Etat en 1897.

Dépenses faites pour la création du réseau de l'Etat	Capital dépensé 1ᵉʳ janv. 1897	Charges annuelles du Trésor	
		Charges du capital d'établissement à 4,50 p. 0/0	Soulte d'échange
	fr.	fr.	fr.
Subventions payées aux anciennes compagnies.............	52.365.666	2 356.454 97	»
Dépenses faites par l'Etat sur les lignes cédées à l'Orléans...	218.000.000	9.810.000 00	2.200.000 00
Prix de rachat, dépenses de constr. de parachèvement et complémentaires et matériel roulant.........	600.638.000	27.028.710 00	»
Total des versements antérieurs de la soulte de 2.200.000 fr......	28.600.000	1.287.000 00	»
Totaux.....	899.603.666	40.482.164 97	2.200.000 00

Total des charges annuelles......   42.682.164 fr. 97
à déduire : produit net du réseau..   12.255.300 fr. 00
Insuffisances pour 1897.....   30.426.864 fr. 97 c.

Charges annuelles par kilomètre. $\dfrac{30.426.865}{2.661} = 11.434$ fr. 37

1. Chiffres pris dans le rapport de M. Bourrat.

imputer cette insuffisance à la gestion de l'administration des chemins de fer de l'État, nous le reconnaissons volontiers ; mais, ce que nous ne pouvons admettre c'est que cette création ait été une heureuse opération. Pendant de longues années encore, ce réseau ne couvrira pas ses frais, si jamais il y arrive.

Le tableau que nous avons dressé des charges supportées par le Trésor du fait de ce réseau ne l'a pas été pour permettre une comparaison entre la gestion de l'État et celle des compagnies. Il prouve suivant nous, rapproché du tableau suivant qu'il est plus sage pour l'État de confier la construction et l'exploitation des chemins de fer à des sociétés. D'un côté en

Charges que le Trésor a supportées du chef des six grandes compagnies de chemin de fer en 1897.

Réseaux	Longueurs exploitées	Capital d'établissement fourni par l'État	Charges annuelles du Trésor	
			Charges annuelles de ce capital à 4,50 0/0	Par kilomètre exploité
Nord	3.686	80.340.000	3.615.000	981
P.-L.-M.........	8.975	998.439.000	44.929.755	5.006
Midi............	3.314	482.220.000	21.699.900	6.548
Est.............	4.738	706.364.000	31.786.380	6.709
Ouest..........	5.615	753.700.000	33.916.500	6.040
Paris-Orléans ...	6.736	1.161.563.000	52.270.335	7.760
Tot. et moyenne.	33.064	4.182.626.000	188.218.170	5.693

effet, on arrive à plus de onze mille francs de charges annuelles par kilomètre, et de l'autre on ne trouve que 5.693 francs.

Comme on a pu le voir, nous ne faisons pas entrer en ligne de compte les avances faites à titre de garanties d'intérêt qui ne sont que des avances portant intérêt à 4 0/0. En somme, c'est un placement, regrettable il est vrai, mais qui ne peut être considéré, comme on le fait trop souvent, à l'égal d'une dépense une fois faite.

La conclusion à laquelle aboutit la comparaison précédente n'est donc pas que l'Etat administre plus ou moins bien que les compagnies, mais qu'un kilomètre des réseaux des compagnies impose moitié moins de charges au Trésor qu'un kilomètre du réseau d'Etat.

Nous avons vu qu'il était extrêmement difficile, pour ne pas dire impossible de faire d'autres rapprochements entre les produits des réseaux des compagnies et le réseau d'Etat par rapport à leur capital d'établissement. La partialité de la plupart des gens qui ont étudié cette question spéciale, y a jeté une obscurité complète ; de plus, les renseignements statistiques étant manifestement faux, il est, nous semble-t-il, inutile de reprendre cette discussion.

Mais il y a un point de comparaison très possible et qui ne manque pas de valeur, ce sont les résultats obtenus. Là on ne rencontre pas les mêmes difficultés car ce sont des faits actuels qui peuvent servir de bases à la comparaison.

L'installation des voies ne semble pas être la perfection même, sur le réseau de l'Etat, puisqu'une circulaire du 8 janvier prescrit l'établissement d'appareils de sécurité sur 854 kilomètres, longueur énorme relativement à la longueur totale des lignes et comparée à ce que cette même circulaire demande aux compagnies. Les précautions prises pour la sécurité des trains ne sont donc pas un modèle à suivre.

Les tarifs auxquels sont soumis les marchandises sur le réseau de l'Etat sont plutôt légèrement supérieurs à ceux des compagnies. Il est assez difficile de les comparer et d'une façon générale de comparer deux systèmes de tarifs appliqués sur deux réseaux différents, car ceux qui jouent sur des longueurs de 500 kilomètres, par exemple, sur le réseau de l'Ouest, ne trouvent pas leur application sur le réseau de l'Etat. De plus un tarif combiné de façon à taxer à tant par kilomètre une marchandise transportée d'une gare à l'autre sur Paris-Lyon, n'aura pas pour pendant un tarif identique sur l'Etat. Malgré cela on peut admettre que les tarifs de l'Etat sont supérieurs d'un décime environ à ceux des compagnies.

. Mais il est un point sur lequel l'infériorité de l'État est manifeste, c'est la situation de ses employés. En effet, la moyenne des dépenses que s'imposent les Compagnies, est, du chef des institutions patronales, de 258 fr. par individu et par an, pour l'Etat elle n'est que de 236 francs. Les compagnies versent à leur caisse des retraites 12 0/0 des traitements de leurs agents, l'Etat ne verse que 10 0/0 ; à l'inverse, la retenue de l'Etat est plus forte que celle des Compagnies, 5 0/0 au lieu de 3 0/0 en moyenne. Enfin le maximum des retraites de 6000 fr. à l'Etat, est de 8 à 9000 fr. dans les Compagnies. La comparaison est, au point de vue de la situation des agents, tout en faveur des compagnies, et les hommes politiques qui, en échange de ces avantages, veulent leur conférer la qualité de fonctionnaires, perdraient certainement de leur popularité, si ces 300.000 individus savaient exactement ce que vaut ce bonheur dont on veut les faire jouir à leur corps défendant.

Ce que nous venons de constater dans les résultats obtenus par une exploitation de l'Etat ne semble pas à première vue, devoir faire désirer une nationalisation des voies ferrées ou même un rachat partiel. Il n'en est pas moins vrai qu'un mouvement très marqué en faveur de cette solution se produit actuellement.

Nous étudierons, dans le paragraphe suivant, quels seraient, selon nous, les inconvénients d'une semblable mesure et les conséquences financières qui en résulteraient.

3. — *Le rachat. — Ses conséquences.*

Il n'y avait pas encore vingt années écoulées depuis la création des chemins de fer, que l'on parlait déjà de les racheter. Ce n'est donc pas une idée nouvelle à laquelle ont donné naissance les promoteurs des projets de lois actuels. Cette idée est aussi vieille que les chemins de fer, mais ces anciens adversaires des compagnies étaient plus excusables que leurs successeurs, et beaucoup eussent changé d'opinion, nous n'en doutons pas, s'ils avaient pu prévoir la suite des évènements. En 1848, M. de Montalembert répondit à un projet de rachat présenté par le gouvernement et d'ailleurs retiré dans la suite, par un discours qui est un véritable chef-d'œuvre (1).

Il y constatait déjà « cette tendance à l'esprit

1. *Moniteur Universel* du 23 juin 1848.

« de monopole qui domine évidemment l'admi-
« nistration française » et regrettait de voir affirmer la séparation de l'esprit libéral d'avec l'esprit démocratique. « L'État, dit-il, ne doit inter-
« venir que là où les particuliers ne peuvent
« pas agir mieux que lui, aussi bien que lui ou
« sans lui ; l'Etat n'est pas le tuteur et le pro-
« fesseur perpétuel des citoyens : il est unique-
« ment leur protecteur, leur défenseur, et, dans
« certains cas, leur serviteur ;... l'expérience de
« tous les pays a démontré que les particuliers
« associés peuvent s'acquitter de la mission de
« propager cette grande invention moderne et
« d'en tirer le meilleur parti avec autant de suc-
« cès, si ce n'est plus, que l'Etat lui-même...
« L'Etat doit autant que possible faire payer les
« travaux publics par ceux qui en profitent et
« dans les chemins de fer, grâce aux tarifs des
« compagnies, les fonds dépensés peuvent être
« successivement remboursés par les voyageurs
« qui se servent des chemins ».

« Et maintenant, ajoute l'éminent orateur, on
« veut changer tout celà et faire de l'Etat l'en-
« trepreneur de toutes les industries et l'assu-
« reur de toutes les fortunes. »

Les tendances auxquelles fait allusion M. de
Montalembert et contre lesquelles il lutte, n'ont
fait que s'accentuer et tout ce qu'il disait alors,

pourrait être redit actuellemment avec plus de
vérité encore. Nous ne le suivrons pas dans la
discussion générale qu'il fit de la question au
nom des grands principes, car il faudrait faire
une étude approfondie du socialisme d'Etat et
de ses manifestations modernes. Concluons
simplement avec lui, que le système proposé
alors et vers lequel nous tendons de plus en
plus serait un pas en arrière dans la voie du
progrès. Nous rétrograderions dans l'ordre industriel et plus encore dans l'ordre politique
car le véritable progrès est celui qui tend vers la
liberté et non vers l'unité, et, grâce auquel le
rôle de l'Etat devient aussi restreint que possible, les citoyens faisant tout par eux-mêmes, et
n'appelant l'intervention de l'Etat que lorsqu'ils
ne peuvent s'en passer.

Mais il y a des considérations d'un ordre
moins élevé qui militent en notre faveur ; ce
sont d'abord celles que nous avons données
plus haut pour repousser l'exploitation par
l'Etat et d'autres encore que nous allons exposer.

En parlant du rachat, nous ne considérerons
bien entendu que celui qui serait fait conformément aux clauses y relatives des conventions et
du cahier des charges. Nous laisserons de côté
la possibilité pour l'Etat de prendre possession

des chemins de fer par une violation des traités. De même, quand on parle des charges futures de la dette publique, on discute sans tenir
compte d'une solution toujours possible et qui
modifierait la question, nous voulons dire la
banqueroute.

Sans être taxés d'exagération, nous pouvons
affirmer que cette banqueroute d'un caractère
particulier n'est pas aussi loin de tous les esprits
politiques qu'elle devrait l'être si l'on en juge
par certain projet de loi, cité plus haut, et dont
le vote par le Parlement serait semble-t-il peu
politique (1).

Remarquons tout d'abord que le rachat aurait
pour premier résultat une inconséquence en
faisant retomber sur l'Etat une charge sous
laquelle il succombait en 1883. En effet les
les lignes du plan Freycinet sont loin d'être
achevées, il en reste encore 2.590 kilomètres à
construire et nous ne croyons pas que nos
finances soient dans un état suffisamment prospère pour que nous voyions, sans inquiétude,
l'Etat assumer cette lourde responsabilité (2).

1. Projet de loi relatif à la nomination des administrateurs des compagnies de chemins de fer.

2. L'Est a encore 308 kilomètres à construire, le Midi
681, l'Ouest 359, l'Orléans 1.242 dont 507 commencés.

Nous savons fort bien que ce n'est pas une pareille vétille qui pourrait nous arrêter dans la voie où l'on essaye de nous engager. Racheter les compagnies serait donc se substituer à elles pour l'achèvement de ces lignes et s'engager dans des dépenses extrêmement lourdes.

Voici à quelles conditions devrait se faire le rachat des réseaux concédés : jusqu'en fin de concession, l'État doit servir à la compagnie une annuité égale au produit net dont il la prive. Pour calculer ce produit on prend les sept dernières années en en excluant les deux plus mauvaises et le produit net moyen ne doit pas être inférieur au revenu de la dernière année. L'État devra en outre, pour les raisons que nous avons données en étudiant les conventions, payer à la compagnie, si celle-ci l'exige, les lignes en exploitation depuis moins de quinze ans, non d'après leur revenu mais d'après leur capital de premier établissement. Les travaux complémentaires exécutés depuis moins de quinze ans, donneront lieu au paiement d'autant de quinzièmes du capital, qu'il manque d'années pour compléter une période de quinze ans partant du jour de leur achèvement. Enfin le matériel roulant sera payé à la compagnie à dire d'experts et compensé, s'il y a lieu avec les sommes que celle-ci se trouverait devoir du chef de la garantie.

Le prix de rachat se composerait donc de deux éléments : une annuité à servir à la compagnie pendant le reste de sa concession et éventuellement une somme à payer en capital.

Ces règles qui ont l'air assez simples, de prime abord, donneraient lieu, nous n'en doutons pas, à une infinité de discussions et de procès. Mais quoiqu'il en soit, on sait que le réseau ne produirait immédiatement à l'État que ce qui est nécessaire pour payer l'annuité et comme celle-ci est calculée sur le produit net tel qu'il est complété par la garantie, si la compagnie y faisait appel, il est probable que l'on se trouverait en présence d'un premier déficit.

Si la compagnie ne fait pas appel à la garantie, le produit net égalerait peut-être, mais ne dépasserait guère l'annuité à payer, surtout si le rachat avait lieu ces années-ci, qui sont tout à fait exceptionnelles et ont procuré des recettes qui baisseront certainement en 1901.

Or d'après des calculs fantaisistes faits par un partisan du rachat des compagnies de l'Est, de l'Ouest de l'Orléans et du Midi, voici ce que le rachat aurait coûté à l'Etat (1). La façon dont ont été calculés ces chiffres donne encore plus de poids à nos observations ; en effet les sommes

1. Rapport de M. Bourrat.

correspondant à la valeur du matériel, du mobilier et des approvisionnements, ont subi des réductions arbitraires de 45, de 50 et de 10 0/0. De plus, les produits nets de l'année 1899 sont supérieurs à ceux de l'année précédente et ceux de 1900 s'annoncent comme encore plus considérables, et certaines compagnies comme l'Orléans et l'Est réduisent leur dette de garantie. Mais voici les chiffres sans tenir compte de ces faits.

Montant de l'annuité :

Est	71 millions
Ouest.	75 —
Orléans	113 —
Midi . . . , ...	57 —
Total. . .	316 millions

C'est donc une charge annuelle de 316 millions suivant le rapporteur du projet de rachat.

Capital à verser aux Compagnies pour les travaux complémentaires :

Est	53 millions
Ouest.	43 —
Orléans	52 —
Midi	21 —
	169 millions

Valeur du matériel, du mobilier et outillage et des approvisionnements :

<pre>
Est . . . . 186 millions
Ouest. 164   —
Orléans 167   —
Midi 116   —
                        ————
                        633 millions
</pre>

Le montant du capital à verser aux compagnies s'élève à 802 millions, mais il faut effectuer la compensation avec les dettes des compagnies vis-à-vis de l'Etat ce qui donne les résultats suivants :

	Est	Ouest	Orléans	Midi
	millions —	—	—	—
Créance des compagnies.	239	207	219	137
Dettes des compagnies.	192	246	190	211
Différences { non compensées par la valeur du matériel.	»	39	»	74
{ à payer aux compagnies	47	»	29	»

Du tableau précédent il résulte donc que l'Ouest et le Midi ont une dette plus forte que leur créance et ne recevraient aucun capital, mais l'Etat devrait payer à l'Est et à l'Orléans 76 millions. Le budget de l'année qui suivrait le rachat, aurait à supporter une charge de 392

millions. A notre avis, la charge serait beaucoup
plus lourde pour les raisons données, et attein-
drait certainement plusieurs centaines de millions. Il faut d'ailleurs reconnaître que ces calculs sont extrêmement complexes, mais les pré-
cédents n'ont été donnés que pour prouver que,
même d'après ses partisans, le rachat serait une
opération onéreuse. Notre budget ne semble
pas capable de supporter une telle augmentation
de charges, et notre dette n'a pas besoin de s'accroître beaucoup pour devenir insupportable.

Le rachat serait donc, en fin de compte, une
détestable opération financière et à ce point de
vue seul et sans nous reporter aux critiques
adressées à l'exploitation par l'Etat, l'on doit repousser énergiquement toute tentative de cette
nature. Ce qui prouve que le rachat serait une
lourde charge pour l'Etat et une bonne affaire;
surtout à l'heure actuelle pour les compagnies,
c'est que dans leur personnel une certaine lassi-
tude se fait sentir parfois sous la violence des
attaques et que « c'est en toute sincérité que
« l'on entend des administrateurs ou des direc-
« teurs de compagnies dire : « Qu'on nous ra-
« chète et que ce soit fini ». Le jour où, ajoute
« M. Colson, ils ne songeraient plus qu'à liqui-
« der le plus avantageusement possible, une
« situation désormais intenable, la France serait

« bien près de la plus grave aventure financière
« qu'elle puisse courir. (1).

Cette aventure financière serait peut-être
moins grave si le gouvernement continue à suivre la voie où il semble s'être engagé dernièrement en prenant l'initiative d'une mesure qui
lui permettrait de composer à son gré les conseils des compagnies. Nous avons déjà dit ce
que nous pensons de la légalité de cette intention, et nous avons admis que le gouvernement
puisse avoir, comme cela a déjà lieu ailleurs,
son mot à dire sur le choix d'un directeur ou
d'un président du conseil d'administration ;
mais cela ne peut se faire qu'après une entente avec les compagnies. Le gouvernement eut
adopté là un système qui rendrait certainement,
dans l'avenir, le rachat facile ; les conseils
abaissant suivant ses ordres les tarifs ou enfin
s'arrangeant de manière à rendre les annuités
et le capital à payer en cas de rachat moins
élevés, le rachat s'imposerait et deviendrait
même une excellente opération. Que l'on ne
vienne pas nous dire que c'est chose impossible ; il est facile, étant donné la façon dont doit
être calculé le prix de rachat, de le réduire en
agissant sur les éléments du calcul ; pour ne

1. *Revue politique et parlementaire*, 1900.

citer qu'un exemple, il est toujours possible de réduire le capital à payer pour travaux complémentaires ou même de le supprimer en n'en exécutant pas. Soumettre aussi complètement les conseils des compagnies au gouvernement, serait mauvais, croyons-nous, pour les innombrables porteurs de valeurs qui en somme constituent à l'heure actuelle une des branches les plus importantes du crédit public. Ce serait là une sorte de banqueroute et la façon la plus sûre et la plus rapide de dilapider cette réserve considérable, estimée à près de 17 milliards qui, entre 1950 et 1960 doit faire retour à l'Etat et qui lui permettra d'amortir la dette énorme que lui auront laissé les générations antérieures. A ce moment en effet, tout le capital réalisé se trouvera remboursé par le fonctionnement normal de l'amortissement et les ressources que l'on pourra tirer de ce gigantesque réseau, viendront, on peut l'espérer, réduire la dette de la France et la ramener à des proportions normales. Comme nous le disions au début de cette étude, c'est le seul point lumineux que l'on puisse raisonnablement entrevoir dans notre horizon financier et ce serait une lourde faute de consentir à nous laisser ôter ce dernier espoir.

Il ne faut d'ailleurs pas s'exagérer l'impor-

tance de cet héritage que le milieu du xxᵉ siècle nous verra recevoir; et, continuer sans
crainte notre système de prodigalités serait
folie. Tout le monde sait en effet, que le prix
d'un transport se décompose en deux parties
confondues pour celui qui l'acquitte, mais ayant
une destination différente.

L'une sert à couvrir les frais proprement dits
du transport, l'autre correspond au service du
capital de l'entreprise, intérêts des obligations
et dividendes des actions, plus l'amortissement.
En fin de concession et une fois le capital entièrement amorti, la première partie seulement de
cette perception restera légitime. Le gouvernement sera moralement obligé de consentir d'importantes réductions des tarifs, ce qui réduira
d'autant les produits nets des chemins de fer.
Tout ce qui subsistera, dans le prix de transport, de l'ancien péage devra être considéré
comme un impôt et l'on paiera alors un transport,
comme on paye le tabac, plus cher qu'il ne vaut
à cause du monopole qui appartiendra à l'Etat.
Nous ne discutons pas ici cette question qui
n'aura d'intérêt qu'à ce moment là et si aucun
évènement imprévu ne survient. Peut-être ce
nouvel impôt permettra-t-il de justes dégrèvements ; c'est ce qu'il faudra voir. Il est possible
que ce nouvel impôt indirect soit bon, étant

donné l'habitude contractée et les réductions de
tarifs qui feront regarder comme légère une taxe
malgré tout assez lourde. Quoiqu'il en puisse
être, nous voulons faire remarquer qu'il ne faut
pas fonder sur cet héritage des espérances exa-
gérées.

A côté des inconvénients d'ordre financier
que révèle l'examen de cette question du rachat,
il en est d'autres, d'ordre tout différent, mais
qui ont aussi leur importance.

Une fois les compagnies rachetées, les sociétés
devraient continuer à subsister pour gérer l'annuité que l'État doit leur servir jusqu'en fin de
concession. Or ces sociétés, ayant toujours en
mains d'énormes capitaux, chercheront évidemment à les faire fructifier et l'on peut craindre
qu'il n'en résulte une trop grande spéculation.
Comme le disait M. Léon Say au Sénat en 1878,
il y a un haut intérêt de moralité publique
qui s'attache à cette question. Celà s'est produit, dit-il, dans l'affaire du chemin de Sedan
à Lérouville et dans celle du chemin d'Orléans
à Châlons. Des faits regrettables de même
nature se sont produits egalement en Belgique.
Il faudrait donc se charger du service de ces
annuités, ce qui serait une nouvelle charge pour
l'État ; ce n'est là pourtant que le petit côté de
la question, et les raisons qui justifient, selon

nous, le rejet de toute proposition de rachat suffisent amplement à faire triompher notre thèse (1).

1. De tous côtés, d'ailleurs, des objections sont formulées par les corps les plus autorisés contre le projet de rachat. Voir les vœux émis par les chambres de commerce.

CONCLUSION

Dans le cours de cette étude nous avons fait
remarquer que la seule circonstance dans laquelle
la reprise par l'État d'un réseau deviendrait
raisonnable, serait celle où l'exploitant se désin-
téresserait des résultats de son exploitation,
par la certitude où il serait de ne jamais pouvoir
s'acquitter de sa dette vis-à-vis de l'État, s'il
en a une, et de ne jamais pouvoir retrouver la
liberté de son dividende pour augmenter ses
bénéfices. Nous avons vu également, en étudiant
la situation financière des grandes compagnies,
qu'aucune d'elles ne se trouvait dans cette situation désespérée, et les inconvénients que
nous croyons devoir résulter du rachat nous
ont fait écarter cette solution.

Pourquoi alors, vouloir changer ce qui est pour le remplacer par quelque chose d'infiniment moins bon, l'exploitation par l'État. Nous sommes d'ailleurs les seuls à ne pas rendre justice à notre système de chemins de fer et il faut que les étrangers dont les opinions ne sont pas, comme les nôtres le sont souvent, dictées par des intérêts ou des passions politiques, viennent nous affirmer, ce que nous devrions savoir du reste, la perfection relative de notre organisation. Il y a déjà longtemps, un ministre vantait au Parlement belge notre politique en matière de chemins de fer et plus récemment un auteur allemand après une étude sur le régime des voies ferrées en France, concluait ainsi : (1)

« La France a compris dès le début, comment
« en présence de l'Etat conscient de sa force,
« une société d'entrepreneurs pouvait être uti-
« lisée pour l'administration d'un service pu-
« blic. L'Etat français a su résoudre l'antinomie
« qui semble exister entre ces deux termes : le
« but industriel et les légitimes exigences du bien
« général. Par sa politique, en faisant entrevoir
« à l'initiative privée, un profit à gagner dans
« la limite des devoirs tracés par lui, il a su

1. Richard de Kaufmann : *La Politique de la France en matière des chemins de fer*, 1896.

« obtenir d'elle qu'elle engageât sans cesse des
« capitaux dans de nouvelles constructions....
« Il s'est réservé le droit d'intervenir à tous pro-
« pos dans l'administration de ces Sociétés et il
« n'a pas craint d'user de ce droit jusqu'à l'ex-
« cès. Il les a si bien pliées à sa volonté, qu'il
« a obtenu d'elles la construction d'un réseau
« assez serré pour suffire aux visées les plus
« hardies d'une époque emportée par des appé-
« tits fougueux... Enfin, il impose à ces Socié-
« tés l'obligation de lui transmettre un jour,
« exempts de toutes charges les 40.000 kilomè-
« tres qu'elles ont construits de leurs deniers,
« et pour les avances qu'il leur fait, il se réser-
« ve comme gage tout le matériel roulant et le
« mobilier.

« Tout cela l'Etat français a pu l'accomplir
« parce qu'il est demeuré fidèle aux conditions
« convenues...

« En résumé la politique suivie en France à
« l'égard des chemins de fer a eu l'art de créer
« dans ce pays un outillage de transport d'une
« grande puissance et d'en élever le rendement
« relativement au nombre des habitants au-des-
« sus de tout ce qui a été réalisé par n'importe
« quelle nation ».

Il y a loin de cette opinion formulée par un
étranger à celle qui a cours dans beaucoup de

milieux français et nous ne saurions trouver de meilleure conclusion à cette étude sur les rapports financiers des chemins de fer avec l'Etat.

Vu par le Président de la thèse,
Paul BEAUREGARD

Vu par le Doyen,
GLASSON

Vu et permis d'imprimer :
Le Vice-Recteur de l'Académie de Paris,
GREARD

Chem. de fer   13

www.ingramcontent.com/pod-product-compliance
Ingram Content Group UK Ltd.
Pitfield, Milton Keynes, MK11 3LW, UK
UKHW021213140726
13695UKWH00002B/516